아동의 발달과 정신병리

심리학과 정신의학의 키워드를 정리한 입문 시리즈

아동의 발달과 정신병리

Le Développement de l'enfant et ses psychopathologies

에르베 베노니 지음 • 이승신 옮김 • 양소영 감수

192

아동의 발달과 정신병리

Le Développement de l'enfant et ses psychopathologies

초판 1쇄 발행 2016년 1월 15일

지은이 | 에르베 베노니
옮긴이 | 이승신
감수 | 양소영

펴낸이 | 임말희
편집 | 공윤조
펴낸곳 | 눈출판그룹

출판등록 | 2012년 5월 23일 제321-2012-000122호
주소 | 경기도 남양주시 수동면 외방로135번길 24
전화 | 1661-4310
팩스 | 031-511-4749
이메일 | master@nun.or.kr
홈페이지 | www.nun.or.kr

값 12,000원

ISBN 978-89-94347-56-1(93180)

파본이나 잘못된 책은 바꿔드립니다.

 이 도서의 국립중앙도서관 출판시도서목록(CIP)은 e-CIP 홈페이지(www.nl.go.kr/ecip)에서 이용하실 수 있습니다. (CIP제어번호: 2015030679)

감수의 글

"제가 사회공포증social phobia이에요. 사람들 앞에서 이야기만 하려고 하면 입술이 벌벌 떨려요. 다른 사람들이 눈치챌까 너무 두려워요…", "우리 아이가 부모와도 눈을 맞추지 못해요. 하지만, 제가 보기에는 자폐는 아닌 것 같고 반응성 애착장애reactive attachment disorder 같아요…"

요즘 현대인들의 지식 수준은 정신의학, 심리학, 교육학, 인문학 등 다양한 분야에서 거의 준전공자 수준이다. 자녀들을 양육하는 부모님들이나 학생들을 대하는 선생님들의 행동발달에 대한 이해 또한 준전문가 수준이다. 그래서 아예 심리센터를 방문하기 전에 스스로 자신의 심리와 행동에 대한, 혹은 아이의 정서와 발달에 대한 진단명을 내려서 오는 경우가 많다.

사람의 성장과 발달에 따라 인생의 과업이 달라지고, 인생의 시기에 따른 과업은 사회·문화적 상황의 영향을 받게 된다. 그리고 외부 요인에 대한 적응의 어려움이 있을 경우 다양한 정신건강의 어려움을 경험하게 된다. 그러므로 자신에 대한 이해와 관심, 자녀에 대한 이해와 관심의 증진은 매우 긍정적으로 보인다. 하지만, 한편으로는 무분별한 정보

홍수 속에서 검증되지 않은 자료들로 자신과 아이에 대해 잘못 판단하는 경우가 있다.

나는 심리센터, 병원, 학교, 기업체 등에서 12년 동안 1만 건 이상 소아·청소년, 부모, 성인, 부부, 가족 등을 대상으로 심리상담을 해오면서 이 같은 일을 수없이 겪었다. 심리상담 전문가로서 심히 우려되는 일이다

이 책『아동의 발달과 정신병리』는 인간발달, 인지, 관계, 성, 수면, 섭식, 언어 등 심리적 특성의 발달과정을 발달모델의 방법론적, 이론적, 인식론적 특징과 아울러 이해하기 쉽고 명료하게 정리해놓았다. 이 책은 우리나라의 성인, 부모, 부부, 가족, 심리상담을 공부하는 수련생 및 대학생들에게 훌륭한 입문서 역할을 충분히 감당해 내리라고 믿는다.

성인에게는 자신을 돌아보게 해줄 것이며, 아이가 자신만의 고유한 정신적, 관계적 생활을 영위하기를 원하는 부모는 아이의 발달행동과 마음을 이해하게 될 것이며, 부부는 서로를 더 알아가는 긍정적인 관계 경험을, 가족은 서로 소통이 깊어지는 경험을 할 것이다.

이 책을 통해 독자는 아동이 한 사람의 성인으로 성장하는 과정, 즉 아동이 한 명의 성인으로 형성되는 과정에서 생물학적, 정서적, 인지적, 사회적, 무의식적 요인이 결합되는 활동을 검토하면서 자신의 마음, 기분, 감정, 자신의 삶, 삶의 여러 상황 등에 대한 통찰도 깊어지는 힐링의 시간이 될 것이다. 이 책은 인간의 발달과 성장, 심리와 병리에 관심 있는 사람들에게 올바른 기준을 제시할 것이다. 특히 아동의 발달과 인간 이해에 대한 책을 추천해달라고 하는 내담자들에게 흔쾌히 추천해주고 싶다.

양소영
허그맘 아동청소년심리센터 강동센터장

목차

서론

이 책은 일반적으로 아동기에 공통적으로 관찰할 수 있는 행동발달, 주요기능발달, 장애에 대해 오늘날 우리가 가지고 있는 지식을 알려주는 입문서이다. 제1장에서는 간략하게 제반 방법론을 소개하는 가운데 여러 모델과 전개방식을, 제2장에서는 아동발달 역동 이해에 도움이 되는 개념의 역할을 설명하게 될 것이다. 제3장에서는 발달 관련 인지장애, 관계장애, 성 장애를, 제4장에서는 발달 관련 운동기능장애, 정신운동 기능장애를, 그리고 제5장에서는 발달 관련 주요기능 장애를 다루고 있는데, 여기서 주요기능이란 수면, 섭식, 언어를 말한다.

이 책에서는 아동을 한 사람의 성인으로 형성하는, 생물학적, 정서적, 인지적, 사회적, 무의식적 요인이 결합된 활동을 검토하는 가운데, 생물심리사회적 기능발달과 정신적 장애에 대한 내용을 다루고 있다.

이 책을 통해 여러 학생들에게, 발달, 발달병리학, 정상적이거나 병리적인 다양한 심리학적 발달 모델에 대한 기초지식을 제공함으로써 <통합적 접근법[1]>의 장점을 보여주고자 했다. 또한 발달모델의 방

---

1) H. Beauchesne와 B. Gibello (1991)에 의하면 통합적 접근법은 <병리학에서 의미와 관련된 모든 것을 고려하는 방법이다. 통합적 접근법은 신경심리학에서부터 시작해서, 보다 잘 알려진 범주에 속하는 신경증, 정신병, 발달부조화 등을 거쳐, 정신신체의학까지 다룬다. 또한 습득과정장애, 학습능력상실, 학습능력손상에도 적용된다. 두 학자는 <모든 증상, 모든 증후군, 모든 질병에는 원인이 있을 뿐만 아니라 징후학적인 측면도 있다.[...] 증상에는 원인이 있지만, 그렇게 드러난 원인 이외에도 환자 자신, 그리고 더 나아가 주변 사람들에게 또 다른 의미가 있을 수 있으며, 그런 의미는 증상의 원인이 되는 현상 이외의 부분에서 도출된다> (p. 54)고 설명한다.

법론적, 이론적, 인식론적[2] 특징도 밝히고 있다. 그러나 이 책이 완벽하다고는 할 수 없는데 그 이유는 발달 임상 분야가 광범위하고 복잡할 뿐만 아니라 계속해서 다듬어지고 있고 또 지속적으로 탐구되고 있기 때문이다.

현재 심리학자 사이에서는 다요인적 사실 이해모델이 점점 더 많이 사용되고 있다. 임상자료를 해석하는 가운데 표면적으로 드러나지 않았던 문제를 살펴보는 것이 매우 중요하며, 이러한 접근 방법은 단지 학술적인 것에 국한된 것이 아니라 기본적으로 임상실무의 주요 축이 된다.

그럼에도 불구하고 분명한 것은 이 책이 병리심리학과 관련된 질병학적 설명이나 일반적 의미의 정신병리학에 대한 논문이 아니라는 점이다. 따라서 신경증, 정신증, 경계성 장애 같은 주요 증후군(아동에게는 형성 모드라는 용어를 사용한다)은 다루지 않았다. 그리고 증상, 내면심리기능, 구조화 가설, 진단과 예후 등과 관련해서 정신병리학자의 작업에 자주 등장하는 여러 가지 차원 또는 관찰단계와 관련된 논의도 제외시켰다.

원고를 주의 깊게 읽어준 아내 크리스텔 베노니에게 감사의 말을 전한다. 그의 조언 덕분에 주요 개념을 명확하게 정리할 수 있었다.

---

2) 인식론은 과학의 논리적 기원, 가치, 범위에 대한 비판적 연구로서 과학에서 사용하는 여러 방법에 대한 성찰을 가능하게 한다. 외의 부분에서 도출된다> (p. 54)고 설명한다.

제1장

여러 방법론 모델과 접근방법

Méthodologies, Modéles et Démarches

192

<실험 심리학자, 임상의사 같은 심리학자가 되기 전에, 어떤 의미에서 우리는 이미 (첫 번째 유년기부터) 심리학자였다. 심리학이라는 학문을 구축하기 위해 우리는 일상성과 일상의 심리에서 출발하고, 연구가 점점 더 복잡해지면서 일상으로부터 멀어지지만, 어쩌면 우리는 다시 일상성에 대한 설명으로 돌아오고 있는지도 모른다.>

르네 자조René Zazzo (1981)[1]

아동 발달에 대해서 우리가 알고 있는 여러 지식은 심리학자, 정신의학자, 정신분석학자가 실시한 과학적 연구에서 비롯되었다. 과학적 접근방법은 다양한 연구 틀을 사용하며, 따라서 인간과학과 자연과학 사이에는 근본적 차이가 발생한다. 사실상, 연구자와 연구대상 사이에는 관계가 만들어지기 때문에 사람들의 행동과 그로 인해서 발생하는 결정적인 변화, 연구자나 연구대상의 처음 상태 등을 고려하지 않을 수 없게 된다. 어머니와 아기의 초기 상호작용, 정신분석 치료나 사이코테라피를 실시할 때 보게 되는 전이-역전이 역동에서 이런 관계가 나타나는 것을 볼 수 있다.[2] 연구자는 몇 가지 점에서 자신과 닮은, 고통을 느낄 수 있는 존재와 관계를 맺는 것이다. 따라서 동일시 메커니즘이 강

1) 이 책에 인용한 저자는 저서의 출간연도를 괄호로 표시해서 참고문헌에 수록했다

2) 전이는 정신분석치료 때 관찰되는 하나의 과정이다. 이때 무의식적 욕망과 유아기 대상관계 모드가 정신분석가를 대상으로 해서 옮겨진다.

하게 작용한다. 이런 상황은 별을 관찰하는 천체물리학자의 상황과는 매우 상이한데, 천체물리학자는 자신을 별과 동일시하거나 자신이 바로 별이라고 생각할 위험이 없다. 이러한 두 가지 관계 모드는 근본적으로 다르지만 서로 상반된 것은 아니며, 각각 특정 관찰단계를 보여준다.

그러므로 연역-체계화에 의한 지식과 공감적 이해에 의한 지식으로 구분할 수 있다. 일반적으로 전자를 실험적 또는 수량적 지식이라고 하며, 후자를 임상적, 이해적, 질적 지식이라고 한다. 이러한 구분에 따라서 제1장을 두 파트로 나누어, 우선 발달심리학의 관점과 아동발달 연구방법을 설명하고, 그런 다음 정신분석과 정신분석학적 정신병리학을 소개할 것이다. 체계화된 연구방법이 사용되기 전에는 다윈C. Darwin, 비네A. Binet, 피아제J. Piaget, 스키너B. F. Skinner, 클라인M. Klein, 프로이트S. Freud 같은 여러 학자가 자녀, 또는 손자 등 주변의 아동을 직접 관찰하는 방식을 사용했던 점을 주목해 볼 수 있다. 이런 학자들이 정서적 차원에서 연구대상에 개입되어 있었던 것은 사실이지만 결국 그런 개인적 관찰로부터 과학적 모델이 나타나게 되었다. 실제 사례를 살펴보면, 실패 놀이를 통해 아동이 어머니의 부재를 상징화한다는 것을 알게 되었으며(S. Freud, 1920), 아동에게서 지성이 어떻게 탄생하는지 살펴볼 수 있게 되었고(J. Piaget, 1923), 놀이를 통해서 아동의 무의식에 접근할 수 있다는(M. Klein, 1928) 것을 알게 되었다. 이러한 사례를 통해 개인적 경험과 체험으로부터 어떻게 과학적 모델이 발달하게 되는지 알 수 있다.

1. 발달심리학과 아동심리학

심리학은 세계, 자신, 타인에 대한 한 사람의 행동과 태도를 연구하는 것이다. 심리학의 전체적 목표는 개인의 행동, 품행, 내적 태도를 객관적으로 기술하고 그것이 잠재되어 있는 정신구조를 이해하는 것이다. 최근 몇 년간 심리학은 정보획득, 현실지각, 계획, 다양한 자극에 대한 반응조절, 정보의 처리 과정이나 가공 등을 중점적으로 다루어왔다. 이 같은 다양한 활동은 <인지구조>라고 하는 복잡한 정신구조(정서-감정 구조와 다름)에 의해 이루어지며, 복잡한 정신구조들이 행동, 품행, 내적 태도를 만들어내고, 계획하고, 조절한다.

발달심리학의 목표는 여러 발달 <분야>를 연구하는 것이며, <아동이었던 내가 어떻게 해서 지금의 내가 되었는가?> (R. Zazzo, 1983a.) 같은 질문에 대한 답을 찾으려고 하는데, 피아제(1923)는 지능적인 차원에서 아동이 여러 과정을 이해하려고 노력할 때 논리가 발달한다고 답한다. 그 밖의 여러 연구자는 지각, 정신운동성, 성본능, 감정, 언어 등을 연구한다.

발달심리학은 변화와 변형의 과정에 관심을 갖는데, 변형 과정으로는 다음과 같은 것을 들 수 있다.

－아동이 현실, 대상, 사람을 지각하고 발견하는 방식
－아동이 자신의 행위를 계획하고 조절하는 방식
－지식을 구성하는 정신구조와 그러한 정신구조를 가능하게 하는 절차

아동심리학은 <아동 자체에 관심을 갖는다>(R. Zazzo, 1983a.), 그리고 <어떻게 해서 아동은 성인이 되는가?> 같은 질문에 답하며, 발달 분야의 한 측면에 국한되지 않는 포괄적 목표에 도달하고자 한다. 아동심리학은 관찰로 얻은 자료를 묘사하거나 나열하는 것에 그치지 않고 지식을 개발한다. 이런 의미에서 아동심리학은 특정 상황 속 아동에 대한 관찰과학이며, 다양한 맥락 그리고 타인과의 관계 네트워크에서, 아동행동의 모든 복합적 특징을 연구한다.

자조(R. Zazzo, 1983a.)는 발달심리학과 아동심리학을 구분하게 된 이유가 <아동 없는 발생론적 심리학과 발생론 없는 아동심리학>의 대립 때문이라고 한다. 자조(R. Zazzo, 1983a.)는 분야별 연구(예: 연령별 연구)는 분명히 유용하지만, 성인이 갖게 되는 기능적 조직체[3]의 발전 및 변형에 대한 연구와 결합하게 되었을 때 비로소 발생에 대한 구체적 이해에 도달할 수 있다고 한다.

3) R. 자조Zazzo(1983a.)에 의하면 기능적 조직체functional organizations는 고립된 연구 분야(언어, 인지, 감정 등)가 아니라 <부분적 전체성>이라고 부르는 기능적 단위다. 기능적 조직체는 동적 단위의 성격을 가지고 있으며, 그런 차원에서 인간(그리고 인간의 행위)을 환경과 관련해서 연구하도록 한다.

2. 발달 관련 연구방법의 종류

아동의 발달에 대한 연구는 시간의 흐름 속에서 아동의 정신적 변형, 심리변화, 특히 발달 진행 과정을 관찰하는 것이다. 예를 들어, 아동 그룹을 하나 선정해서 규칙적으로 관찰하면 이들의 지각능력 또는 운동능력 발달을 이해할 수 있고, 또 순수하게 발달적, 실험적 차원에서는 자극과 반응 사이의 관계를 관찰하고 설명할 수 있을 것이다. 이러한 연구 틀 안에서 <연령> 변수는 매우 중요하며, 어떤 연구 방식을 택하든지 몇 가지 문제점을 제기하게 된다.

2_1 규준적 접근방법

규준적 접근방법은 아동을 연령별 그룹으로 나누어 다양한 행동을 수량적으로 측정한 다음 전형적, 정상적 발달 곡선을 마련하는 것이다. 아동 발달에 대한 정신작용측정[4]을 통해 발달과 관련된 여러 규준을 알 수 있게 되며 다양한 기능 또는 심리적 특징도 파악할 수 있다 (사고 발달단계, 정신운동 단계). 이렇게 얻어진 자료는 어떤 아동이 동일 연령 그룹 내

4) 정신작용측정 방법은 심리적 제반 법칙을 수량적으로 설명할 수 있게 해주는 여러 과정 전체를 포함하며, 일반적으로 실험적 방법에 자주 사용된다. 테스트를 실시하는 방법의 효과는 테스트를 실시하는 목적보다 제한적인데, 그 이유는 부분적으로 밖에 측정할 수 없기 때문이다 (J. Delay와 P. Pichot, 1965 참조).

의 다른 아동과 비교해서 어느 정도의 발달 상태에 있는지 평가할 수 있게 한다. 연령별 그룹 평균을 얻게 되면 발달과 관련된 특징을 제시할 수 있지만 이런 평균적 특징을 모두 보여주는 아동은 없을 것이다. 발달 특징은 사실상 가상의 이미지이며 실제로 존재하는 것이 아니기 때문에 이러한 접근방법이 개인 차원에서 얼마나 타당한지는 의문의 여지가 있다.

2_2 횡단적 접근방법

아동의 몇 가지 성격적 측면이 발달하는 방식을 관찰하기 위해서 (예: 자기표상, 대인관계), 두 연령대 사이의 발달을 연구하게 되는데, 이때 각 연령별 아동을 여러 그룹으로 나누어 연구한다. 이 방법에서는 다음과 같은 두 가지 한계가 드러났다. 몇 가지 변수 (예: 다양한 교육 환경, 생활수준, 또는 실제 경험) 에 대한 특정 표본 선택과 관련된 <동시대 집단효과[5]>가 나타날 수 있으며, 측정 기준이 평균치를 근거로 한 것이기 때문에 개인적인 발달에 대해서는 전혀 도움이 되지 않는다는 것이 밝혀졌다. 그럼에도 불구하고 횡단적 접근방법은 방법론적인 기준과 통계학적인 기준을 엄격하게 준수하기 때문에 연구에 내적 정당성을 부여할 수 있다.

5) 동시대 집단효과 : 두 연구 표본이 상이할 때, 관찰된 심리적 차이가 연령에 의한 것이 아니라 두 표본 집단의 교육 환경의 차이에 의한 것일 수 있다.

2_3 종단적 접근방법*

이 방법은 일정 기간 동안 특정 아동의 개인적인 발달을 살펴보는 것이다. 특정 능력(특징) 또는 정신적 표현을 습득하는 연령대의 여러 관찰대상에게서 불변요소(예: 첫 번째 발달 도식)가 무엇인지 연구하는 것이다. 이 방법의 장점은, 한 아동을 여러 해에 걸쳐 그 자신과 비교하면서 연구하는 것으로서, 해당 아동을 상이한 환경에서 살고 있거나 대조적인 이야기를 가지고 있는 다른 아동과 비교하지 않는다는 점이다.

그러나 이 방법은 긴 시간을 요하며 경제적으로 비용이 많이 든다. 실험 대상 중에 그 지역을 떠나거나 더 이상 연구를 지속하고 싶어하지 않는 경우가 있어 대부분 연구 사례에서 <실험대상 탈락>이 발생한다. 한편, 연구를 시작한 지 5년에서 10년이 지나면, 처음 제기했던 문제가 낡은 것이 될 수 있으며, 사용했던 테스트 방식도 달라질 수 있다. 어떤 테스트를 반복해서 실시할 경우 아동이 그 테스트를 학습하게 될 위험이 있으며 이는 아동의 자연스러운 발달에 변화를 초래할 수 있다. 예를 들어 6세 아동 서른 명에게 6개월마다 동일하게 문장 암기 테스트를 받도록 하는 경우, 이른바 <연습 효과[6]> 현상이 나타나게 될 우려가 있다. 임상 그룹(예: 정신운동 불안정성을 가지고 있는 아동)과 비임상 그룹(진료를 받지 않는 아동, 모든 아동)을 비교함으로써 임상 그룹에 영향을 미칠 우려가 있다.

6) 연습 효과 : 반복적으로 테스트를 실시하는 상황이 되면 아동은 학습하게 되고, 테스트 때 더 뛰어난 능력을 보이게 된다. 그러므로 관찰 결과가 자연스러운 상태와 차이가 날 가능성이 있다.

* 연구참여자를 반복적으로 연구하여 연령이 증가함에 따라 나타나는 연구참여자의 변화에 주의를 기울인다. –감수자 주

연구를 위한 임상적 개입이 치료 효과를 가져올 수 있으며, 따라서 정확하게 평가할 수 없게 된다.

그럼에도 불구하고 종단적 접근방법은 앞으로 발생할 가능성이 있는 문제를 해결할 수 있도록 하는 유일한 연구방법이다. 아동이 1세 때 보이는 애착 방식을 보고 훗날 이 아동이 새로운 상황에 부딪쳤을 때 보여주게 될 적응능력을 어느 정도 파악할 수 있게 되는 것은 종단적 연구법을 사용해서 접근함으로써 가능하다.* 또한 아동들 사이에 매우 큰 개인차가 있다는 것에 주목할 필요가 있다. 이를테면 5세 때 심각한 발달지연이 있다고 평가 받은 아동이 8세가 되어 그런 증상이 사라지는 경우가 있다. 이 아동의 5세에서 8세 사이 발달 격차는 동일 연령대 다른 아동을 테스트해서 얻어진 평균과 다를 것이다. 오직 차이심리학[7] 만이 이러한 개인차에 대해서 설명할 수 있다. 동일 연령 그룹 내에서 개별 아동의 발달은 외적 요인(삶의 여러 사건과 상황)과 내적 요인(자아 조직화[8], 갈등...)으로 인해서 해마다 달라진다. 따라서 종단적 접근방법은 이런 유형의 영향력 요소를 고려할 수 있다. 예를 들어, 로르샤흐 검사[9])를 실

7) 차이심리학은 모든 개인의 행동을 결정하는 법칙에 대해서 한 사람의 개인이나 여러 개인이 모인 그룹이 보이는 다양한 차이점을 연구하는 것이다. 차이심리학은 하나의 행동에 대한 일반적인 법칙의 이해와 관련된 개인적 차이를 연구한다.

8) 프로이트의 후기 이론에 의하면, 자아는 원초아 그리고 초자아와 구분되는 정신의 구성요소이다. 자아는 대체로 불안을 만들어내는 불유쾌한 정서에 대항하기 위한 방어기제를 작동시키며, 정신적 표상과 정서 사이를 연결하는 활동을 가능하게 한다. 또한 현실에 적응할 수 있도록 하는 기관으로 간주된다. 프로이트 이론에서 자아 개념의 변화를 살펴보려면, J. Laplanche와 J.-B. Pontalis, pp. 241 sqq를 참조할 것.

9) 로르샤흐 검사는 투사적 검사법이자 지각 관련 성격 검사법이며, 10개의 잉크 자국으로 만들어진 카드로 구성되어 있다(무채색, 유채색, 파스텔). <정신진단>이라고 일컬어지는 검사 결과의 해석방법은 여러 범주의 지수를 사용하는데, 이런 지수는 서로 결합되어 성격의 구조적 요소를 보여준다.

* 종단적 접근방법은 비교적 짧은 기간(몇 달에서 몇 년)과 매우 긴 기간(10년 또는 일생에 걸친)을 포함한다. –감수자 주

시해서 살펴보면 일반적으로 5세에서 10세 사이에 감정 조절 능력이 크게 발달하는 것을 관찰할 수 있다. 그러나 종단적 접근방법을 사용해서 살펴보면 일부 아동은 일시적으로 감정조절에 어려움을 겪고, 또 다른 아동에게서는 갑자기 감정조절능력이 발달하는 것을 볼 수 있다. 결국 감정조절이 어려운 문제가 되는 경우도 있고, 빠르게 적응하는 경우도 있다는 것을 알 수 있다.

2_4 행렬적 접근방법

행렬적 접근방법은 혼합 접근방법이라고 불리기도 하는데 횡단적 방법과 종단적 방법을 결합시킨 것이다. 이 방법은 상이한 연령의 아동을 여러 그룹으로 나누어 여러 해에 걸쳐서 평가하는 것이다. 5세에서 16세 사이 아동들의 로르샤흐 검사 자료를 얻고자 할 경우, 각각 5세, 8세, 11세, 14세 연령에 해당하는 아동 120명을 네 그룹으로 나누고 2년 동안 해마다 정기적으로 검사를 실시한다.

2_5 경험중심적 접근방법

경험중심적 접근방법은 다른 모든 조건이 동일할 때, 하나의 변수가 아동의 행동에 미치는 영향력을 체계적으로 연구하는 것이다. 한편, 연구실에서 <자연스러운> 변수 또는 자연스러운 맥락과 관련된 변수(학교, 가족, 사회, 문화적 소속그룹, 심리상담자와의 관계)가 드러나기는 어렵지만, 이런 변수가 아동의 행동에 결정적인 영향을 미칠 수 있다는 점도 간과하지 말아야 한다. 경험중심적 접근방법을 사용하면, 어떤 치료적 개입이 어떤 병리에 상당히 긍정적인 효과를 가져올 수 있는지 관찰할 수 있지만, 구체적으로 어떻게 그런 효과가 나타나게 되었는지는 알 수 없다. 그뿐만 아니라, 관찰된 변화가 어떤 대상에게는 지속적으로 나타나지만 다른 대상에게는 일시적인 것일 수 있으므로 하나의 그룹을 두 개의 하위 그룹으로 나눌 수 있게 된다. 이때 다음과 같은 질문이 제기된다. 어떤 요인이 연구 결과에 결정적인 역할을 했는가? 어떤 점에서 두 하위그룹이 상이한가? 그런 결과에 영향을 미칠 수 있었던 것은 무엇인가?

지난 수십 년 동안, 정보처리기술의 발전 덕분에, 특히 유아심리학 분야에 정교한 연구 기법이 마련되었다(R. Lécuyer, 1989 를 참조할 것). 이제 유아의 기본적 기능이나 반응패턴으로부터 제반 능력을 보다 정확하게 연구할 수 있게 되었다. 예를 들어, 빨기 리듬이나 강도의 변화는 영아가 특정 자극에 대해서 어떤 선호도를 가지고 있는지 보여준다. 또한 심장박동, 호흡리듬, 눈의 움직임 등의 변화를 보여줄 수도 있다. 따라서, 유아의 지각반응은 자극에 익숙해지는 능력을 통해서 정확하게 밝혀지거나 해석될 수 있게 되었다. 유아가 반복적으로 나타나는 자극 대상을 바라보는 시간이 점점 줄어든다는 것은 그 대상에 익숙해진다는 것을 의미한다. 첫 번째 자극 대상 옆에 새로운 대상을 놓아두면, 유아는 보다 적극적으로 새로운 자극 대상을 탐색할 것이다. 자극 대상에 따라서 시각 집중이 차이가 나는 것은 유아가 두 가지 서로 다른 자극 대상을 구분하는 능력을 가지고 있다는 것을 의미한다. 실험자는 다양한 독립 변수를 조작함으로써 종속 변수라고 할 수 있는 대상의 하나 혹은 여러 반응에 대한 효과를 이해하려고 노력한다. 그러나 관찰 가능한 행동만을 연구하는 행동주의 심리학자의 입장은 이제 시대에 뒤떨어진 것으로 보인다. 개인은 사고와 정서, 즉 정신적 삶을 영위하고 있으며, 개인의 생각과 정서가 반드시 행동으로 나타나거나 적어도 즉각적으로 나타나는 것은 아니다.

3. 정신분석

정신분석은 기본적으로 욕구 혹은 리비도라고 불려지고 무의식에 의해서 결정되는 개인의 정서-감정 구조에 관심을 갖는다는 점에서 유전 심리학과 구분된다. 정신분석의 방법론은 자유연상이며 정신분석의 연구 대상은 무의식이라는 점에서 특별하다고 할 수 있다. 프로이트의 방법론은 하나의 조사방법론이며 자유연상에 기반을 둔다. 환자는 아무런 제한 없이 머릿속에 떠오르는 대로 말하며, 정신분석가는 환자의 말을 경청한다. 정신분석에서는 내담자가 자유롭게 연상할 때 해석의 유효성을 보장할 수 있다고 보며, 말, 행동, 상상 속에 들어있는 무의식적 의미를 밝히려고 노력한다.

정신분석적 해석은 정신분석 맥락에서만 의미가 있는데, 해석은 말 속에 들어있는 억압된 내용[10]에 관한 것으로, 저항, 전이, 욕구가 포함되어 있음을 고려해야 한다. 프로이트의 환자 에미 폰 N은 "이런 저런 생각이 어디서 왔는지 계속해서 묻지 말고, 말하고 싶은 것을 그냥 이야기하도록 내버려 두어야 한다(J. Laplanche와 J.-B. Pontalis 이 인용함, 1967)"고

10) 억압은 하나의 정신 작용으로서 충동과 관련되어 있는 여러 표상(생각 이미지 회상)을 분리해 무의식 속에 간직하는 것이다. 이러한 역동 과정을 통해서 회상 같은 하나의 표상은 의식 영역으로부터 분리되지만, 그 회상이 다시 떠오를 경우 매우 생생하게 재생된다. 무의식과 밀접하게 연결되어 있는 억압은 지그문트 프로이트의 히스테리 환자에 대한 임상과 치료를 통해 개념화되었다. 충동을 만족시키는 것이 정신의 다른 부분(이를 테면, 초자아)에 불쾌감을 초래할 수 있을 경우에 억압이 나타난다.

프로이트에게 말한 바 있다. 에미는 유년기의 추억과 정신분석에 의해서 생성된 인상에 대한 환자와의 정신적 작업은 물론 정신분석 상담시간 동안 이루어지는 내적 작업도 중요하다는 점을 강조했다. 카타르시스 요법(카타르시스 또는 정화)의 목적은 기억과 억압된 경험이라고 할 수 있는 잊혀진 경험을 강렬하게 재생함으로써 질환의 원인이 되는 정서를 분출시켜주는 것이다. 이러한 분출은 정신분석 차원에서 그리고 카타르시스 요법 차원에서 말로 표현할 수 있도록 유도하고 도와줌으로써 일어난다.

정신분석 이론은 인간 행동에 잠재해 있는 무의식의 구조를 연구하며, 욕구를 인간 행동의 근원으로 여긴다. 정신분석은 아동 장애를 상세하고 역동적으로 이해할 수 있도록 하며 그간 통계에 의존했던 소박한 아동 심리학에 매우 큰 발전을 가져왔다.

정신분석적 사유는 각 개인이 유아기의 갈등 스토리, 이력, 가족내부의 관계문제를 가지고 있고 가족관계가 성격에 영향을 미친다는 사실을 고려하도록 함으로써 질병 체계에 대한 이해를 보다 기능적이고 역동적으로 할 수 있도록 만들었으며 유연성을 확보해 주었다.

다음 단락에서 다시 언급하겠지만, 성인 정신분석의 목표는 소아신경증[11)]을 재구성하는 것인데, 소아신경증이란 정신적 삶이 기본적으로 구성되는 시기에 나타나는 발달 관련 신경증으로서 오이디푸스 콤플렉스를 말한다. 이런 의미에서 5세에서 6세 이전에는 소아신경증

---

11) 소아신경증은 발달과 관련이 있으며, 그런 의미에서 앞으로 드러나게 될 이야기의 구조를 미리 보여주는 일종의 <발달 관련 신경증>으로 생각할 수 있는데 하나의 설명 모델이 되기 때문이다. 유아성욕은 <남근숭배>와 <남근집중>으로부터 재구성된다.

에 대해서 언급할 수 없다. 전이 신경증[12]은 정신분석학으로 인해 알려지게 되었는데, 소아신경증이 다시 반복되는 것으로 간주된다. 여기서 신경증이란 일반적으로 욕구와 방어기제 사이에 정신적인 갈등으로 인해서 발생하는 증상이라는 점을 염두에 두어야 할 것이다.

3_1 성인 정신분석

성인 정신분석은 성인의 정신분석 치료를 통해서 본능적 삶이라고 할 수 있는 유아성욕 단계를 재구성하는 것이다. 『성에 대한 세 편의 논문』이라는 저서에서 지그문트 프로이트(1905)는 유아성욕에 매우 큰 중요성을 부여했는데 다음 장에서 다시 언급하게 될 것이다(제2장 2_1). 부모의 성격 구조와 태도가 특정한 행동양식과 고정관념 형성에 영향을 주며, <위기>는 점진적으로 진행되는 과정의 상층구조에 불과하다고 할 수 있다. 신경증의 기저에 있는 것이 바로 <성적 외상>이며, 이는 성인에 대한 유혹(히스테리[13])으로 발생한다. 환상의 내용은 유아 신경증이 만들어지는 순간, 자아가 어떤 형태로 구성되었는지 보여준다.

르보비치S. Lebovici(1983)은 억압과 지연을 다음과 같이 구분한다.

사후 작업으로 인한 지연temporalisation은 사건, 행동, 정서, 공상, 사고에 또 다른 의미를 부여한다. 지연은 사건으로 진행되기까지 걸린 시

12) 전이 신경증은 정신적인 갈등으로 나타나는 장애(실질적 신경증과 반대됨)로 정의되며, 리비도를 대상으로 이동시킴으로써 발생한다. 전이 신경증은 자기애적 신경증과 반대된다. 전이 신경증 환자는 소아기의 갈등을 반복하며 정신분석가와의 관계에서 그런 갈등을 재연한다.

13) 히스테리는 정신적 갈등이 신체적 증상(발작성 위기, 정서적 위기, 연극성 위기)이나 사물, 또는 외부 상황(불안성 히스테리, 공포증)을 통해서 표현되고 상징화되는 신경증의 일종이다.

간이 사건에 어떤 의미를 부여한다는 점에서 매우 중요하다. 예를 들어, 사춘기에 겪었던 수동적 유혹은 성적 자극에 대해 수치심을 갖게 만들고, 성적 자극은 훗날 불안감과 공포심에 의한 회피를 불러일으킨다. 라플랑쉬J. Laplanche(1987)는 지연을 소설화, 그리고 타인이 만들어 낸 <수수께끼>를 해석하려는 시도로 보는데, 이는 이후 자기이론화에서 다시 나타난다고 보았다.

사건의 정서가 아니라 사건의 표상에 대해서 억압 작업이 일어난다. 재구성 작업에 의해서 정서가 자신의 위치를 되찾게 되고, 그로 인해서 표상에 대한 리비도 투여와 역투여[14]의 이동에 상당한 변화를 가져온다.

정신분석은 환상이 인간의 행동에 어떤 역할을 하는지 이해할 수 있도록 만들어 주었는데, 재구성 작업은 이른바 <객관적>인 현실지각과 일치하지 않는 정신적 현실을 포함한 정신 기능에 대한 연구를 목적으로 한다. 프로이트의 이론에서 정신적 현실이란 <물질적 현실의 정합성과 저항에 견줄 만한 정합성과 저항을 관찰주체의 정신세계가 보여주는 것>(J. Laplanche와 J.-B. Pontalis, 1967)을 가리킨다. 결국 정신적 현실은 환상의 산물이며, 심리학자들은 <신념[15]>이라고 부른다.

---

14) 역리비도 투여counter cathexis는 억압을 지속적으로 유지하는 것이다. 방어기제의 경제적 측면이라고 할 수 있다. 역리비도 투여는 자아가 여러 표상이 의식으로 들어가는 것을 차단하면서 표상, 상황, 행동, 성격적 특징 등에 리비도를 투여하는 것에 해당한다. 역리비도 투여는 자아에 의해서 지나친 집착으로 변형된 무의식적 공격 욕구나, 청결함으로 변형된 항문 집착 성향(더럽히고자 하는 욕망)과 관련된 것일 수 있다. 이것을 <반동 형성reaction formation>이라고 한다.

15) 신념은 가상적인 사고이다. 인간은 일정하게 자신과 타인에 대한 관념을 만들어낸다. 자신을 둘러싸고 있는 것과 자신이 지각하고 느끼는 것으로부터 의미를 만들어 낸다. <거짓 신념>도 가질 수 있다. 그 실례로, 실험에 의해서 영향을 받은 대상은 자신에게 영향을 준 것을 대부분 의식하고 있지 않으며 자신이 계속해서 같은 방식으로 생각해왔다고 믿는다. 우리의 선입관은 사건 해석 방식과 사건 기억 방식에 결정적으로 영향을 미친다.

정신분석 치료 시, 자신을 표현하는 것은 주로 성인의 내면에서 고통 받고 있는 아이이며, 이 아이가 주로 회상을 통해 사후에 갖게 된 영향과 끊임없이 새로워지는 주체화 효과에 대해 말한다. 그런데 왜 환자가 언급하지 않은 자료보다 말로 표현한 자료가 더 중요한 것일까? 정신분석가가 환자를 대상으로 연구하면서 실험했던 것은 환자의 이야기 속에 담겨있는 그 창조적이고 근원적인 성격이었다. 이런 과정을 통해서 분석적 구성작업[16]은 치료와 치료 효과에 대한 가설로서의 중요성을 인정받게 되었다(S. Lebovici, 1990).

3_2 아동 정신분석

정신분석가들이 아동 발달에 대한 지식을 심화하는 데에 크게 기여했다. 아동 정신분석은 하나의 방법론이자 치료기법이며, 아동 정신분석 분야에서는 두 개의 주요한 학문적 사유라고 할 수 있는 안나 프로이트Anna Freud와 멜라니 클라인Melanie Klein의 연구가 오랫동안 서로 대립했다.

안나 프로이트는 가족 환경이 적응갈등과 반응갈등에 중요한 역할을 한다고 보았다. 반면에 멜라니 클라인(1928)은 병리가 모성적 대상maternal object 때문에 나타나는 것이 아니라고 했다. 클라인은 환자의 이야기와 무관한 입장에 기초해서 유전학적 관점에 중점을 두고 정신적

16) 구성작업은 정신분석가가 실제 이야기의 한 부분과 자신이 만들어낸 부분을 재구성해서 환자에게 제시하는 것이다. 지그문트 프로이트(1937)에 의하면 <구성작업의 내용이 진실이라고 강하게 믿을 경우, 스스로 떠올리는 기억과 거의 동일한 치료효과를 갖는다>고 한다.

삶을 개념화했는데, 그녀의 이론은 태어날 때부터 자아가 존재한다는 것이었다. 클라인은 아동과 아동의 가족을 직접 관찰하는 방법을 개발했다 (지그문트 프로이트(1920)가 이보다 앞서 실패 놀이를 통해 동일한 관찰방법을 보여준 바 있다). 즉, 놀이를 통해서 아동은 자신의 환상, 공상, 내부 세계를 표현하며, 정신분석가가 그것을 보고 아동의 활동을 해석할 수 있다는 것이다. 놀이에는 표현 가능성과 창조 가능성이 들어있기 때문에 심리치료에 효과적이고 유용한 매개체가 된다. 놀이는 퇴행을 일으킨다는 이점이 있지만 치료에 저항을 가져올 수도 있다. 저항을 말로 표현하지 않으면서 전이에 저항하기 위해 놀이를 할 수도 있는 것이다. 욕동 차원으로 이동하는 효과를 만들어내고 자아의 구성을 변화시키도록 하는 것이 바로 해석 활동이다. 정신기능의 발달을 이해하기 위해 정신분석가에게 반드시 필요한 이론 모델에 의해서 지속적으로 이러한 해석 활동이 이루어진다. 르보비치S. Lebovici와 술레Soulé(1970)는 메타심리학[17]이 <아동 발달 이론을 일관성 있게 만들어주는 정신기능에 대한 이론>이라고 생각했다. 메타심리학은 추상적 모델이며, 임상 차원, 정신분석 치료와 해석 차원에서 관찰된 내용을 이해하기 위한 이론이라는 것이다. 프로이트는 통시적 그리고 개체발생적 관점에서, 개체로서의 영아와 어머니의 보살핌으로부터 일차적 나르시시즘 개념을 제시했다. 프로이트는 환각이 가져오는 쾌감에 대해, 기억의 흔적 형태로 엔그램된 유쾌한 상황을 다시 경험하는 아동의 능력이라고 정의한다. 욕구불만

17) 메타심리학은 지그문트 프로이트가 추상적 모델이라고 할 수 있는 자신의 심리학에 대한 이해를 돕기 위해 만든 용어다.

으로 인해 발생하는 욕구에 의해, 그리고 자체성애적인 지대의 기능 덕분에, 기억흔적에서부터 대상이 만들어진다.

환상에 의한 시나리오는 욕구의 표현이다. 시나리오는 정신기능의 개인화[18] 과정과 동일시[19] 과정이 발달하게 되면서 복잡해진다. 일차적 과정의 특징은 꿈속 또는 정신병의 경우처럼 실제 부모와 이마고 또는 내적 대상으로서의 부모를 혼동한다는 점에서 이차적 과정과 다르다. 더 나아가, 성애적 삶의 여러 단계는 본원적 환상(원초적 장면, 유혹, 거세)에 의해 영향을 받게 되는데, 이런 본원적 환상은 오이디푸스 콤플렉스적 상황과 그런 콤플렉스의 발달 한 가운데에서 성 역할과 세대를 구분할 때에도 드러난다. 그러나 정신 작용의 핵심인 <오이디푸스 콤플렉스>가 부모의 오이디푸스 콤플렉스에 의해서 변형된다는 것도 인정해야 한다. 다시 말해서 오이디푸스 콤플렉스는 전달되며, 따라서 부모의 <오이디푸스 콤플렉스>가 자녀의 <오이디푸스 콤플렉스>에 영향을 준다. 부모는 독립적으로 자신이 경험한 주관적인 이야기에 따라서 정서를 계속 만들어가지만, 아동을 대상으로 정신분석을 실시할 때에는 부모의 오이디푸스 콤플렉스의 한 부분이 지속적으로 자녀에게 전달되면서 어떤 효과를 발생시키는지 살펴보아야 한다.

---

18) D.W. 위니코트Winnicott (1969)는 개인화personalization가 다음 세 가지 특징을 가지고 진행되는 하나의 과정이라고 생각했다. 세 가지 특징이란 통합되기 이전의 자아의 단일화 과정인 통합, 몸을 가지고 살고 있다는 느낌, 즉 자아의 구조화라고 할 수 있는 진정한 의미의 개인화, 시 공간에 대한 현실감(실현)을 말한다. S. 레스닉Resnik (1973)은 <개인화 과정은 자신이 몸을 가지고 살고 있다는 감정과 연결되어 있으며 [...] 몸으로 체험한 경험을 통해서 개인화 과정이 구성된다>고 간주했다.

19) 동일시identification는 성격 발달 역동에서 매우 중요한 과정이며, 개인이 자신을 구성할 수 있도록 한다. 아동은 타인 (부모) 의 한 측면이나 속성을 흡수한 다음 변형시킨다. 전체적으로 다시 개조해서 자신의 구성요소로 삼기 위해서이다.

조기치료를 통해 아동의 성격이 어떻게 구성되는지 알 수 있다. 오이디푸스 콤플렉스가 완전히 발달하기 전이나 발달하는 도중에 초기치료를 실시할 경우, 아동의 환상이 어떻게 발달하는지 알 수 있게 된다. 『정신적 사건들의 흐름에 관한 두 개의 원칙*Formulations sur les deux principes du cours des événements psychiques*』이라는 저서에서 프로이트가 발전시켰던 이론은 조기치료에 의해서 완성하게 되었는데, 프로이트는 이 저서에서 정신적 삶의 초기 단계를 잘 이해할 수 있도록 하는 데에 기여했다. 정신분석의 목표는 해석을 가능하게 하는 재구성 작업을 통해 초기 관계 단계에서 발달 과정에 작용하는 요소를 이해하는 것이다. 아동이 필요로 하는 것은 어머니 한 사람의 간헐적 보살핌 밖에 없고 어머니를 인식하며 어머니와 대상관계를 형성하고 있기 때문에, 어머니에 대한 전이적 관계와 저항을 통해 아동의 실제 경험을 재구성할 수 있다.

정신분석에서는 발육과정에서 영아가 전적으로 어머니의 보살핌에 의존한다고 본다. 결핍을 경험할 때, 영아는 쾌감을 만들어내는 성감대를 적극적으로 이용해서 과거에 느꼈던 만족감을 <재발견>하고, 결핍감은 쾌감과 연결된다. 결국 빠는 행동으로 수유를 대신하게 된다. 르보비치(1960)는 아동이 <쾌감을 주는 대상을 지각하고 인식하기 이전에 이미 그런 대상이 있다는 것을 꿈꿀 수 있고 환상을 가질 수 있으며, 바로 거기서 알레고리 원칙이 나타난다. 결국 젖가슴 또는 그 이미지는 젖가슴의 부재에서 비롯된다>고 했다. 이 이론은 환상이 외부대상의 인식보다 앞선다는 것을 전제로 한다. 그러나 외부대상의 현존을 충분히 경험해야 정신적 삶을 발전시켜나갈 수 있고 이를 통해 조금씩 대상과 자신을 인식할 수 있다.

프로이트의 이론 모델은 <반사궁reflex arc> 도식에 따라서 지각과 행동을 설명하며, <일차 과정primary processes[20]>과 <이차 과정secondary processes[21]> 개념으로 더욱 풍부해졌다. 이차적 처리과정이 실현되기 위한 조건은 현실의 여러 기호를 정확하게 평가하는 것이며 이는 자아의 억제에 의해서만 가능하다고 프로이트는 강조한다(1911). 현실의 기호를 평가하는 주의력은 어떻게 해서든 불쾌감을 피하려고 하는 이차적 주의에 해당한다. 불쾌감을 피하는 이유는 정신에 위험이 되는 불쾌감 자체를 받아들일 수 없거나, 불쾌감이 사고 활동에 혼란을 초래할 수 있기 때문이다. 정신적 활동은 모든 불쾌감을 거부하며, 오직 쾌감과 운동성만을 추구하지만 불쾌감 속에 들어있는 창조적인 내적 긴장을 해소하기에 충분하지 않다. 그렇기 때문에 교란된 항상성 균형[22]을 다시 회복하기 위해서는 타인의 개입이 필요해진다. 유아에게 만족감을 느끼는 상태를 만들어 주는 것은 바로 쾌감에 대한 경험이다.

그래서 프로이트는 다음과 같은 이중기억 가설을 제시했다.

---

20) 일차 과정은 무의식적인 과정이다. 쾌감의 경험과 관련된 표상에 에너지가 부착되므로, 전적으로 그리고 즉각적으로 해소하려는 에너지와 관련이 있다(<자유로운 에너지>).

21) 이차 과정은 전의식이자 의식적인 과정이다. 만족감이 지연되는 표상에 에너지가 부착되며, 이는 <연결된 에너지>에 해당한다. 이차적 처리과정은 조정 기능을 충족시킨다(이 두 개념에 대해서는 J. Laplanche와 J.-B. Pontalis, 1967을 참조할 것).

22) 항상성homeostasis은 안정성을 말한다. 생물학적 상태 또는 정신적 상태의 균형을 유지하려는 경향이라고 할 수 있다.

–상황 지각을 기억함으로써 만들어진 기억 이미지
–욕구로 인한 흥분 상태에 대한 기억의 흔적

욕구가 일단 충족되면 기억에 남게 되고, 또 다른 욕구가 나타나자마자 <욕구의 만족에 대한 경험을 다시 활성화하고 다시 이에 에너지를 부착하는 정신적 에너지의 이동이 발생>하게 된다. 이처럼 만족감에 대한 경험과 그런 경험의 반복은 긴밀하게 연결되어 있다. 반복은 기억 이미지에 대한 에너지의 재부착으로 이어지고, 이러한 재부착은 만족감을 주거나, 주지 않게 된다. 욕구가 다시 나타나자마자 정신적 욕동이 촉발되는데, 정신적 욕동은 최초로 경험했던 만족감을 재구성하면서 다시 지각된 욕구에 대한 기억 이미지를 재부착하게 된다.

4. 발달에 대한 정신분석적 심리학

유전학적 관점을 가지고 있는 정신분석가는 정신분석 이론을 유전심리학에 통합시키려고 노력했다. 안나 프로이트는 아동의 실질적 발달과 성숙과정에서 나타나는 특수한 양상에 관심을 보였다. 미국 학파(S. 르보비치Lebovici와 M. 술래Soulé 참조, 1970)는 실험적 상황(R. 스피츠Spitz와 병원증후군hospitalism[23] 참조)과 대상관계의 변화에 대해서 연구했다. 안아주기holding 이론(2, 3장 참조)에 근거해서, D.W. 위니코트Winnicott는 자기self 또는 지속적 존재감이 어떻게 발생하는지 설명한다. 최근 수많은 정신분석가들이 계속해서 대상관계를 핵심 발달 과정으로 인정하는 가운데 어머니와 아기 사이의 상호관계와 상호작용을 관찰하는 것이 매우 중요하다는 것을 입증했다 (파리 정신분석학파의 저작 참조). J. 보울비Bowlby (1969)는 모성 결핍을 연구했으며, 결핍 경험 시 어머니/아동 간의 상호행동에 대한 연구로부터 애착이론[24] 을 만들어냈다.

여기서 주목할 것은 바로 '갈등' 개념이다. 살아가는 동안 반드시

23) 병원증후군은 <완전한 무감동 상태>라고도 하는데, 50년전, 스피츠Spitz가 보호시설에서 관찰한 바 있다. 아동이 적절한 잠자리와 식사를 제공받고 있음에도 불구하고 돌보는 사람들과 따뜻한 접촉을 갖지 못해서 고통 받는다는 것을 알게 되었다. 스피츠는 보호시설에서 자란 아동이 정서적 심리과정 차원에서 결핍이 있으며, 보다 정확하게는 언어, 정신운동성, 사회화 발달이 제대로 이루어지지 않는다는 점에 주목했다.

24) 처음에는 애착이론이 전적으로 유전학적 관점 속에 포함되어 있었으며, 행동생태학 관련자료에 근거하고 있었다. 그러나 이제 애착이론 모델은 <애착 도식> 또는 <내적 작동모델internal working model>이라고 하는 인지, 심리적 표상 형성에 기초하고 있다(제3장 3단락 참조)

여러 형태의 위기(어원적으로 위기는 변화를 말한다)를 겪는다. 위기는 개인으로 하여금 성인 연령에 도달하게 될 때, 보다 많은 에너지를 사용할 수 있도록 한다. 또한 내부 세계와 외부 세계 사이에서 신속하고 효과적이며 섬세하게 방어 전략과 조정 작업을 실시할 수 있도록 한다. 외부적 제약은 욕동에 의해 만들어진 정신적 갈등과 결합한다.

갈등이 구조화되려면 아동이 지속적으로 위협받거나 불안하다고 느끼지 않아야 한다. 발달 실패가 발생하는 것은 대체로 정서적 불안, 초기 압력요인(아동의 연령을 고려하지 않는 부모의 비현실적인 요구), 비교적 강렬한 유혹 현상을 동반하는 과도한 정신적 신체적 틀이나 연속 등이 발생하기 때문이다. 이런 유형의 관계가 만들어내는 모든 현상은 분리 과정에서 매우 중요하다. 반드시 필요한 양가감정이 발달하지 못하도록 만들고 자율성 확장에 제동을 걸게 되어, 이를 테면 친구와 갈등이 있을 때 스스로 문제를 해결하려는 욕구가 억제되는 경우다. 이와 마찬가지로 부모가 자녀의 독자적인 표현을 방해할 수 있는데, 그 이유는 아직 완전히 해결하지 못하고 여전히 생생하게 무의식 속에 남아있는 자신의 갈등이나 과거의 소망이 다시 나타나기 때문이다. 그럼에도 불구하고 발달 요소는 기본적으로 환경(부모, 타인), 아동 자신의 고유한 잠재능력, 시간(학습기간과 학습효과), 인지적 발달(신체적, 자기애적, 리비도적 대상 표상의 보다 중요한 특징), 정신분석이 폭넓게 연구한 동일시의 기본 과정 등이라고 할 수 있다.

정신분석가는 갈등이 삶의 근원이라고 본다. 갈등은 구조화 과정이 있다는 것을 알려주는 지표가 되며, 이런 의미에서 오이디푸스적 갈등은 구조화 갈등이라고 할 수 있다. 발달은 갈등이 없는 상황이 아니라 오히려 내부와 외부 간의 상호 움직임 속에서 일어나는 정상적인 것으로, 반드시 필요한 갈등의 표현이라고 이해해야 할 것이다. 안나 프로이트는 직접 관찰을 통해 '발달 선lines of development'이라는 독창적인 이론을 만들어냈다. 이 이론은 심리적 사회적 차원에서 아동의 자립을 가져오는 단계를 이해할 수 있도록 하며, 그런 단계가 외적 제약과 정신 내부의 심급 사이에 균형을 잡아준다고 주장한다. 또한 역동적인 이론으로서 아동 발달에 있어서 일관되는 점과 모순되는 점이 무엇인지 살펴볼 수 있도록 한다. 이런 발달 단계는 간헐적, 점진적, 퇴행적, 즉 불연속적인 방식으로 나타나기 때문에 단선적인 형태를 보이지 않는다. 퇴행은 방어기제인 동시에 구조화 과정이기도 하다.

발달 선은 다음과 같은 내용을 설명한다.

– 의존적 상태에서 정서적 자율성과 성인 유형의 대상 관계로 바뀜
– 수유에서 분량이 정해진 식사로 바뀜
– 무절제에서 항문 괄약근과 요도 괄약근을 조절하게 됨
– 무관심에서 자신의 신체를 다루는 방식에 대해 책임감을 갖게 됨
– 자기 중심주의에서 탈피하여 우정을 갖게 됨
– 신체에서 장난감으로, 놀이에서 일로 전환됨(B. Golsw, 1992 참조)

한편, 안나 프로이트(1968)는 발달적 갈등은 심각하고 강력하면서 지속적인 신경증 관련 갈등과 반대되는 것으로 보았다. 신경증은 발달과정에서 일어나는 갈등과 서로 다른 것으로, 발달적 갈등은 내적 갈등의 형태를 가지고 있기 때문이다. 반면에 외적 갈등은 발달에 간섭한다.

간섭interference은 트라우마 모델에서 비롯된 것으로서, 부모의 태도가 아동의 요구와 지나치게 거리가 있을 때 다시 나타난다. H. 나제라 Nagera (1969)는 <간섭이라는 용어가 발달에서 나타나는 모든 종류의 사건, 상황, 발달규준 속의 차이를 보여주는 조건 또는 자료를 가리키는 데> 사용된다고 했다.

안나 프로이트의 외적 갈등 이론은 나제라가 정의한 간섭 이론과 일치하는데, 어머니의 병적 태도가 아동이 겪는 어려움의 원인이 될 수 있기 때문이다. 발달과 관련한 갈등이론은 리비도적 발달 단계에 대한 정신분석학적 이론을 정신분석과 유전 심리학을 종합하려는 시도를 통해 일반적인 발달 이론으로 확장시켰다. 이러한 이론의 결합으로 발달에 대한 정신분석학적 심리학의 기초가 만들어지게 되었다.

외적 갈등, 내재화된 갈등, 신경증적 갈등 같은 발달적 갈등 개념을 명확하게 구분하기 위해서 정신병리학은 정상과 병리를 구분하게 해주는 몇 가지 기준을 다음과 같이 제시한다.

- 발달적 갈등은 내재화된 갈등으로서 일정 연령, 일정 단계에 고유하게 나타나며 일시적이다[25]
- 외적 갈등은 아동의 욕동이 주위 상황과 충돌하고 있다는 것을 가리킨다[26]

---

25) 여러 갈등 유형을 예를 들어서 설명하겠다. 오이디푸스 갈등을 한참 겪고 있는 3세 아동 마르크는 발달 관련 갈등을 부모의 침대에서 자고 싶어하는 욕망으로 표현했다.

26) 소피는 18개월 된 여아로서 외적 갈등을 겪고 있다. 실내용 변기를 사용할 것을 강력하게 권유하는 어머니에게 <아니야>라고 대꾸하면서 매우 심하게 반항했다. 자신의 신체, 타인, 주변세계를 통제하는 쾌감과 욕구가 어머니의 강력한 요구와 갈등을 겪고 있다.

– 내재화된 갈등은 여러 정신적 심급 사이에서 일어나는 갈등에 해당한다[27)]
– 신경증적 갈등은 내면화되어 있으며 나이와 상관없이 지속된다[28)]
– 내적 갈등은 양성애bisexuality, 능동성/수동성 등과 관련되어 있는 양가감정과 같은 갈등이다[29)]. 내적 갈등은 피할 수 없으며 보편적이다.

앞에서 상세하게 언급한 것처럼 <소아 신경증>은 남근기-오이디푸스적 단계에 근거하고 있기 때문에 5세에서 6세 이전에는 나타나지 않는다. 외적 갈등이 내면화되어 내재적 갈등이 일어나게 되는데, 발달과 관련된 갈등은 단순하며 통합적이고 단선적이다. 그러나 투사에 의한 외재화가 외적 갈등에 개입되면, 심리적 갈등이 단순하지도 단선적이지도 않으며 오히려 논리적이고 역동적이라는 사실을 깨닫게 된다. 대체로 이 같은 복합적 내용 전체가 성격 구성을 결정한다. 예를 들어, 소아 정신병은 자아가 갈등을 조직하는 능력을 가지고 있지 못한 것으로 이해할 수 있다.

27) 8세 아동인 조르쥬는 어머니에게 욕설을 하는 것에 대해서 죄책감을 느끼는 것으로 내재화된 갈등을 드러냈다. 원초아(공격적 욕구)가 초자아(내재화된 부모의 금기)로 인해서 갈등을 겪고 있다.

28) 조르쥬가 느끼고 있는 죄책감이 지속되어 성격의 기본적 특징이 될 경우, 신경증적 갈등을 가지게 되었다고 할 수 있다.

29) 12세 아동 펠릭스의 내적 갈등은 친구들과 수동적 관계를 갖는 데에 쾌감을 느끼는 것으로 나타났다. 그런데 마음속으로 펠릭스는 친구들을 이끌고 싶었고, 이런 상황은 매우 크게 내적 혼란을 초래했다.

5. 아동 정신병리학

정신병리학적 연구의 대상이 되는 것은 개별 임상사례이다. 양적 시험(정도), 질적 임상 시험(예: 투사 검사), 임상 면담 등, 도구를 사용하는 임상 시험을 통해 정신병리학자는 직접 혹은 간접적으로 표현되는 아동의 고통을 이해하려고 노력한다. 정신병리학적 연구 방법은 <개인적 증상, 행동, 말 속에 들어있는 정신 구조를 연구하여 일관성과 의미를 찾아내고, 어떤 상황 속에서 그 개인의 정신 구조를 구성하는 요소를 작용시키는 것이다> (J.L. Lang, 1979).

H. 보쉔느Beauchesne(1978)에 의하면 징후sign는 타인에게서 관찰할 수 있으며, 증상symptom은 일련의 징후라고 할 수 있지만 징후가 증상으로서 의미를 가지려면 <신체기관을 구성하는 물질적 구성이나 신체 기능에 나타나는 특이 현상이어야 하고, 이런 현상은 질병과 유관>하다. 여기서 알 수 있는 것처럼 징후학은 증상의 의미를 연구하고 이해하는 것이다.

첫 번째 연구 방법은 현상학적인 것으로, 사회적 심리학적 맥락에서 증상의 의미와 정서적 부하, 환자의 이야기 속에서 드러나는 증상의 중요성 등을 이해하고자 하는 것이다. 실제로, 관찰은 관찰된 현상의 일부가 된다. 다시 말해서 현상의 유형에 따라서 지각된다.

심리학자는 객관적으로 지각되는 현상(모든 사람이 볼 수 있음), 관찰자가 경험한 반응, 환자의 존재 방식, 관찰자에 의한 해석 등이 동일한 방식으로 취급되지 않도록 증상을 수집하고 분석해야 한다. 독립된 징후적 진단(틱, 유뇨증 등)이나 증상을 임상 증후군으로 분류할 수 있다. 그러나 다른 한편으로 개인의 병리적 구성 양상을 파악함으로써 그런 양상을 하나의 진단으로 분류할 수 있는데, 그렇게 함으로써 구조적 진단이 가능하다고 주장할 수 있다. 그러므로 구조란 <하나의 요소를 변하게 하면 전체를 변하게 하는 것과 같은, 여러 요소의 집합체>라고 이해할 수 있다(H. Beauchesne, 1978). 구조는 그 자체로서 관찰 가능하지 않은데, 여러 증상이 서로 관련되어 있다는 것을 인식하기 전에 그런 증상이 있다는 것을 알 필요가 있다. 구조를 인식하려면 우선 구조의 구성 양상, 구조의 발생을 이해해야 하며, 일반적으로 단순한 구조에서 복합적인 구조로 진행된다는 것을 염두에 두어야 한다.

아동 정신병리학에서 정신분석학적 구조에 대한 이해가 가장 많이 활용된다. 정신의 기능은 다음에 의해서 평가된다.

–관계 구조

성적 정체성과 관련한 상황, 오이디푸스 콤플렉스(2장 2 참조), 양자 관계에서 삼자 관계로 이동 등. 정체성, 리비도 투여, 대상관계 등을 파악해야 한다.

–정신 기제의 구조

정신 기제는 원초아, 자아, 초자아로 구성된다(두 번째 구조모델에 의함)

–쾌락 원칙과 현실 원칙

결국, 정신 현상은 다음 네 가지 관점에 따라서 접근하게 된다.

– 역동적 관점, 욕동적 갈등, 욕구/방어, 쾌감/현실, 원초아/자아 등의 관계를 포함
– 경제적 관점, 실제하는 다양한 힘에 대한 평가, 욕구, 욕동, 방어기제, 자아, 자아의 구성 등을 포함
– 위상적 관점, 정신 기제의 구조와 관련됨
– 유전적 관점, 전체가 어떻게 조직되는지 이해하도록 함

이처럼 구조에 대한 진단은 증상과 행동, 보다 정확하게는 이들의 배치, 구성으로부터 얻을 수 있다. 그러므로 복합적인 여러 구조를 설명적이고 관념적이며 추상적인 단순한 모델로 축소하는 것은 가능하지 않을 뿐만 아니라 위험하다. 진단 가설은 여러 다양한 정신 현상 사이에 관계를 구축하면서 이런 현상에 대한 이해와 해석에 근거해서 만들어진다. 분류 시스템을 갖추게 되면 특정 사례를 일반적 시스템 속에 포함시킬 수 있으며, 그렇게 함으로써 진단 가능성을 열어놓게 되고 경우에 따라서 예방 가능성도 확보할 수 있다. 실제로, 진단 차원, 구조 차원, 병인론 차원에서 혼동이 발생하는 경우가 많으며, 이는 분류와 관련된 문제를 제기한다.

아동 정신병리학에서는 다음과 같은 내용에 주의를 기울인다.

• 아동의 장애를 이해하는 데 성인의 정신병리 모델을 참조하는 것은 반드시 피해야 한다.
• 대개의 경우 병리를 있는 그대로 파악하기 힘들다. 진찰을 받으러 오는 경우는 일반적으로 아동 자신 때문이 아니라 아동이 주위를 불편

하게 하는 행동 장애를 보이기 때문이다. 그런데 심리 상담자가 외부적 요소만을 주목한다면 사회적 적응 개념이나 병인이 되는 현상은 고려하지 않는다고 평가될 것이다. 진단과 관련한 어려움 거의 대부분은 아동이 주변과 유지하는 관계의 성격과 관련이 있다. 주변 사람들은 그러한 성격의 다양한 원인을 찾아내지만 거기에서 벗어나야 한다.

- 병리학은 발달과 관련시켜 이해할 필요가 있는데, 아동마다 고유한 성장 유형을 가지고 있기 때문이다. 발달은 신경생물학적, 심리정서적, 사회적 요인에 의해서 영향을 받는다. 주위 사람들이 설명을 통해 또는 방어기제로서 이런 요인들을 언급할 수 있는데 실제로 아동에게서 지체나 고착이 나타나는 경우일 수 있다. 이때 정상과 정상이 아닌 것을 구분하는 문제가 제기된다. 정서, 신체, 인지-지능, 사회 등 여러 차원에서 발달이 동시에 일어나는 것은 아니다. 또한 발달과 관련된 긴장이나 갈등이 존재한다. 예를 들어 공포증은 3세경에 흔히 볼 수 있다. 증후학은 연령에 따라서 달라지기 때문에 동일한 신경증적 갈등이라 해도 어떤 경우에는 공포증으로, 또 다른 경우에는 강박관념에 해당할 수 있다. 아동이 보이는 증상은 성인보다 불안정할 수 있다는 점을 주목해야 한다.

6. 정상과 병리

한편, 정신병리학적 연구를 위해서 <정상>과 <병리> 개념에 대해 검토할 필요가 있다.

<정상>은 <행동이나 관점에서 1퍼센트 우세한 다수이거나, 집단적 이상, 규범이 되는 것>을 말한다(J. Bergeret, 1974). 이러한 정의는 많은 논란을 불러일으켰다. 일반적으로 정상 상태가 가치판단을 위한 기준이 된다고 생각하는데 그 이유는 각 개인의 고유하고 특징적인 데이터를 고려해서 이루어지는 <훌륭한 내적 작용>이 정상이라는 공식을 적용하고 있기 때문인 듯하다.

정상적인 상태라는 개념은 질환에서 정상으로 이동하는 것이 가능하고, 또 그 반대도 가능하다는 점에서 구조 개념과는 다른 듯하다. D. 앙지외Anzieu (1959)는 참된 의미에서 모든 정상 상태의 기초가 되는 정서적 성숙함을 <고된 일은 물론 여가상태에서도 무의식에 대해 불안감이 없는 태도, 어떤 상황에서도 반드시 드러나는 무의식을 직면할 수 있는 적응 능력>으로 정의한다. 이런 의미에서 갈등은 성격 구성에 있어서 반드시 필요한 하나의 요소로 인식된다. C. 쉴랑Chiland (1971)은 모든 아동이 신경증적 혹은 공포증적 경향을 보여주는 징후를 보인다는 점에 주목했다. 쉴랑은 현실 차원에서 환상 차원의 훌륭한 기능으로 이동하는 유연성이야말로 단순화된 구조적 진단보다 정상 상태에 대한

기준을 알려줄 수 있다고 보았다. 또한 <우리의 목표는 아동을 주위, 가족, 학교, 또는 사회의 기대치에 맞추는 것이 아니며, 아동이 가능한 한 최소한의 제약을 받으면서 자신의 자율성과 행복에 접근할 수 있도록 하는 것>이라고 했다. 지그문트 프로이트(1905)는 아동의 성본능 발달 동안 겪게 되는 여러 어려움으로부터 모든 성인 심리학의 토대가 마련되었다고 한다. 이때는 문제가 억압되고 성적이고 공격적인 욕동을 가리키며 이러한 욕동이 여러 증상을 만든다. 억압은 비 병리적인 방식으로 이겨내야 한다. 지그문트 프로이트는 모든 비 신경증적 구조에서, 그리고 그뿐만 아니라 오이디푸스적 억압이 부분적으로만 작용하는 신경증적 구조에서조차 <정상>이라는 개념을 거부하며, 콤플렉스가 완전히 사라지는 것이 정상이라고 주장한다. 그러나 다양한 정도의 기능 상태가 있을 수 있으며, 정신병 환자와 마찬가지로 <정상인>에게도 여러 기제가 존재하고, 이런 기제에 얼마나 유연하게 잘 적응하는지에 따라서 차이가 발생한다고 보았다. J. 베르즈레Bergeret는 성인 심리학의 특징이 다음과 같다고 한다.

– 정신병 또는 신경증과 같은 고유하고 견고하며 고정되어 있는 완성된 구조

정신병은 자신은 물론 타인의 현실에 이르기까지 현실과의 관계를 매우 심각하게 왜곡하는 중증 성격 장애가 특징이다. 신경증의 특징은 불안감이나 불안감에 대항하기 위해 여러 기제의 형태로 표현되는 정신적 고통이다. 장애를 가지고 있다는 것은 의식하지만 현실 감각의 상실

에 대해서는 의식하지 못한다. 정신병적으로 굳어진 구조에서 <정상 상태>와 비대상성 정신병 사이에는, 신경증적으로 굳어진 구조에서 <정상 상태>와 비대상성 신경증 사이에서 볼 수 있는 것만큼이나 많은 중간 단계가 있다.

–특징이 뚜렷하지 않은 상태가 지속되면서 보다 안정적인 상태(성격장애[30] 또는 성적 도착[31])를 보이는 과도기적 구조(경계성).

내적 현실과 외적 현실에 대한 적응이 어렵고 비 구조화된 구조의 불안정성 때문에 실질적으로 <정상 상태>를 파악하는 일이 쉽지 않다. 정상이라는 개념은 신경증적인 것이든 정신병적인 것이든, 고정된 하나의 구조 내에서 조화를 이루는 기능적 적응 상태에만 적용할 수 있을 것이며, 병리는 동일한 구조 계통 내에서 균형이 깨지는 것에 해당한다고 하겠다.

앞 단락(<아동 정신병리>)에서는 아동의 정신병리학적 접근이 어떤 점에서 성인에게 사용되는 정신병리학과 달라야 하는지 잘 보여주었다. 불안정성, 변화, 아동의 발달 또는 퇴행은 물론, 부모의 병리적 현상을

30) 성격장애는 구조적 미완성에 해당하며, 예를 들어 신경증 환자가 죄책감을 느끼는 것은 성격 속에 이미 포함되어 있다는 것을 의미한다.

31) 도착이라는 용어는 대개 모호하게 사용되는데 여러 의미를 가지고 있기 때문이다. 일반적으로 정상과 비교해서 왜곡된 것으로 판단되는 행동이나 행위와 관련되어 있다. 어원적으로, 도착은 <거꾸로 돌아간>, <우회적인> 것을 말한다. 정신병리학적 차원에서(J.-L. Lang, 1979) 도착증 환자는 <불완전한 도덕 구조를 가지고 있는 사람이며 [···], 도착증 (악의, 잔인함, 공격성, 행동 우위, 갈등 표출, 정신 이상의 일반적 징후) 외에도 특정한 방식으로 성적 만족감을 찾는 성적 도착이 있으며, 그 종류로는 페티시즘, 노출증, 변태성욕, 동성애 등을 들 수 있다.

인식하기 어렵기 때문에 정상과 병리의 전반적인 임상 평가가 상당히 복잡해진다. 그렇기 때문에 구체적인 진단 가설을 만들기에 앞서 행동과 증상의 변화, 시간 속에서 나타나는 증상이나 행동의 정체현상 등에 대한 연구가 선행되어야 한다.

제2장

발달 역동 : 주요 개념들

Dynamique du Développement: Apports Conceptuels

192

1. 성격 형성

발달 심리학자는 각자 자신의 관점에서 아동이 타인과의 정서-감정적 결합상태에서 매우 느리게 벗어나며, 발달의 관건은 아동의 개별화와 인성의 형성이라고 주장한다(R. Zazzo, 1960 참조).

신체적 기능 습득이 인격 형성에 충분한 조건이 되는 것은 아니다. 인간의 행동은 문화적, 사회적 맥락의 산물이며 우리를 태어나게 하고 존재하게 만든 사람들의 심리적 유산과 연결되어 있다. 이처럼 발달의 구조와 역동은 심리적인 내용의 전달과 주관화 과정(그런 과정이 없다면 어떤 아기도 어른이 될 수 없다) 사이에 어떤 관계가 있는지 질문한다(S. Lebovici, 1989). 성격 형성의 복합성에 대한 심도 있는 이해를 통해 인간의 개체발생과 자아의 의미, 정신 기제의 확립, 사고와 일차적인 정신적 표상의 출현, 이 책의 주제를 넘어서는 내용이지만 초기 상징화 과정의 시작 등에 대해서 말할 수 있게 될 것이다.

정신분석에서 가장 중요하게 생각하는 것은 감각, 신체적 정착, 지그문트 프로이트 자신이 강력하게 주장했던 신체에 대한 자아의 우위성 등이다. 1925년부터 프로이트는 저서 『부정』에서 <모든 표상은 지각에서 나온 것이며, 결국 지각이 반복되는 것>이라고 강조했다. 그 밖에 다른 저자들도 이 주제를 발전시켰는데, 특히 D. 앙지외는 <피부자아Moi-peau>(1985)라는 이론을 만들어 냈다. 내적 갈등과 대인 관계에 관여하는 모든 정신적 과정은 첫 번째 발달기, 특히 감각기능 발달 시기에 신체적 기능을 훈련하는 동안 깊게 뿌리를 내린다. 이런 과정은 어머니에 의해서 지지를 받는데 어머니는 외부적 자극 분량을 아기가 견딜 수 있을 만큼 필터링하고 조절함으로써 어머니의 흥분을 차단한다.

그러나 J. 라플랑쉬Laplanche는 아동에 대한 어머니의 일차적 유혹이 최초의 병리적 자기애과 성본능의 근원이 된다고 한다. 라플랑쉬는 어머니의 무의식이 아동에게 주는 영향을 강조했다. 어머니의 성적 메시지는 모성적 보살핌 속에 들어있으며 지속된다. 그런 메시지는 유아의 이해 가능성과 제어 가능성을 넘어선다고 할 수 있기 때문에 해독이 불가능할 뿐만 아니라 <그런 메시지를 보내는 사람인 어머니도 그런 사실을 이해하지 못한다>.

심리학에서는 대상이나 대상 주변과 맺는 실질적인 초기 관계를 설명한다. 또한 심리사회적 과정을 일반적 성숙의 동인으로 간주한다.

최근에 이루어진 연구를 통해 아기가 사회적, 정서적, 능동적 존재이며 조절 능력을 가지고 있다는 것이 알려졌다(D. Stern, 1985 ; R.N. Emde, 1992). 아동의 사회화 과정은 주된 심리적 기제를 획득함으로써 서서히 이루어지지만 아동은 태어날 때부터 사회적 존재이다. 상호작용에 대한 연구는 아동이 구체적인 사회적 대상에 대해서 능동적이며 상호작용하는 존재라는 것을 잘 보여준다. 시간이 지나면서 아동의 자율성은 점점 더 확장되어 주위에서 무슨 일이 일어날 것인지 미리 예측할 수 있게 되어 보다 효율적으로 자신의 환경을 통제한다. 이 같은 역동적인 정신의 움직임은 아동의 자아를 확고하게 하며, 자신의 느낌, 이상, 계획과 일치하는 진정한 자존감이라는 감정으로 표현된다. 규칙, 법칙,

이상을 내재화하는 주요 심리 기제(정신분석의 <내사introject>)는 사회화 발달을 가능하게 한다. 현실과 맺는 관계의 발달은 타인에 대한 지각(좋음과 나쁨, 정확함과 거짓, 위협과 안전)과 타인의 의도에 대한 추측이 타인에 대한 행동 방식을 결정한다는 차원에서 부가적인 사회화의 요소가 된다. 세상, 타인의 생각과 행위, 자신이 느끼는 것에 대한 해석에 따라서 아동의 행동, 즉 경험하는 여러 상황에 대한 조정작용이 달라진다. 그러므로 아동은 인격, 심리사회적 경험, 타인과의 관계에서 주관적으로 만들어진 느낌에 따라 세상을 해석한다고 할 수 있다. 사고가 발달하면서 현실의 제반 요소를 고려할 수 있게 되는데, 예를 들어 타인이 자신과 다른 관점을 가질 수 있다는 것을 이해하게 된다. 사회적 학습은 우선 <아버지>와 <어머니>를 다른 사람과 구분해내고 모르는 사람과 아는 사람을 구분하는 것으로 시작된다. 의사소통 능력이 발달에도 도움이 된다.

요컨대, 인격은 개인이 새로운 상황에 적응할 수 있도록 하며 개인의 고유한 특징을 드러낸다. 심리학을 통해서 학습과 지식, 초기 정서적 관계, 발달과 성장을 하는 동안 경험하는 현실 등이 얼마나 중요한 역할을 하는지 잘 알게 되었다. 실제로 인격은 정신을 구성하는 요소 전체가 통합된 것이다. 이런 요소는 체험에 의한 경험과 연령별 정신 성숙도에 따라서 아동과 청소년에서 지속적으로 변화한다. 결국 인격은 정서-감정, 인지 구조의 <독창적인 혼합물>이다.

사람마다 고유한 특징이라고 할 수 있는 인격을 가지고 있기에 구분할 수 있다. 심리적 특징을 나열 또는 결합한 것은 인격이라고 할 수 없으며, 그 보다는 욕망 그리고 경험에 의해서 구조화된 내적 구성물을 인격이라고 한다.

구조화라는 단어의 정의는 이론 모델에 따라서 달라진다. 인지 심리학에서는 자극과 반응의 관계를 단계별로 구분한 것이라고 할 것이다. 정신병리학에서는 인격 구조를 정신 상태에 해당한다고 보는데, 정신적 상태는 발달 초기와 후기의 관계적 변천사에 의존하는 심오하고 근본적인 역동적 요소들로 구성되며, 이러한 변천사는 아동기와 청소년기 동안 지속적으로 이루어지는 정신의 재조정들로 이루어져 있다.

인격은 관찰대상이 자신에 대해서 가지고 있는 이미지(자기 표상), 감정, 환상(무의식적 차원), 상상(의식적 차원) 등을 통해 드러나는데, 행동, 신체적 표현, 말을 통해서 타인에게 드러난다. 인격은 또한 개인의 토대를 구성하는 구조의 심리내적, 관계적 차원에서의 어떤 발현으로, 이론상 성인기에 이르러서야 결정적으로 구성될 수 있다. 아동의 발달에서는 매우 중요한 순간들이 있는데 이러한 순간들은 아동의 기본 인성의 골격을 구성하는 특정한 구조적 차원을 동원하는 주관적 경험들로 채워져 있다.

2. 주요 개념

2_1 리비도 단계 또는 심리성적 발달단계

리비도libido는 정신분석 이론에서 사용하는 매우 복합적인 개념인데, 욕동 이론(에너지의 분출 또는 부하의 목표는 긴장 상태를 없애는 것이다)이 계속해서 다듬어지는 가운데 리비도 개념도 계속 변해왔기 때문에 복합성을 가지게 되었다. 프로이트가 주장하는 바에 따르면 리비도는 성욕동(욕망, 그리고 욕동 영역의 일부와 관련되어 있다)과 관련된 <에너지>이다(J. Laplanche와 J.-B. Pontalis, 1967). 프로이트는 리비도가 성적 특징을 가지고 있다고 생각했지만, 실제로 리비도는 자기보존 욕동에 반하며 <질적인> 개념처럼 보인다. 프로이트(1905)는 <리비도의 생성과 증가, 감소, 분배, 이동이 심리성적 현상을 설명할 수 있을 것>이라고 생각했다(J. Laplanche와 J.-B. Pontalis가 인용함, 1967). 달리 말해서 <리비도는 사랑이라는 이름으로 이해할 수 있는 모든 것과 관련 있는 욕동들의 [···]에너지이다>(S. Freud, 1921). 리비도는 성욕동이 변형된 것이며 다양한 방식으로 대상에 투여된다. 리비도가 대상으로 자신을 선택할 경우, 그것은 나의 리비도 또는 자기애적 리비도가 된다. 외부 대상에 투여되면 대상 리비도가 된다.

프로이트는 성본능이 생식기의 기능과 연결되어 있는 활동과 쾌감만을 가리키는 것이 아니라 아동기부터 나타나는 모든 종류의 흥분상태와 활동을 가리킨다고 보았다. 이런 활동은 <꼭 생식 관련 부위만이 아닌 신체의 여러 부분(성감대)을 활용하며, 생물학적 기능(예: 영양 섭취)을 수행하는 것과는 별도로 쾌감을 추구한다(예: 엄지손가락 빨기)>(J. Laplanche와 J.-B. Pontalis, 1967, p. 144).

욕동[1]은 일종의 분출로 정의된다. 다시 말해서 정신적 기제 안에서 에너지 차원으로 더해지는 것을 말하며, 이는 흥분을 만들어내는 신체 부분에서 비롯된다(구강내부, 입술, 항문부근, 생식기). 욕동의 목적은 에너지 분출을 통해 긴장 상태를 제거하는 것이다(구강 긴장을 줄이기 위한 엄지 빨기, 리비도적 긴장을 줄이기 위한 성 파트너). 욕동 분출 대상은 특정화되어 있지 않으며, 우연적이고, 주체의 경험과 과거력에 따라서 달라진다. 리비도 발달 단계에서 욕동 분출 대상은 변한다. 정신분석에서는 리비도 발달단계를 5단계로 구분한다. 구강기(0-1세), 항문기(1-3세), 남근기(3-5세), 잠복기(5-12세), 생식기(청소년기). 이 단계들은 구조화기능을 지니며 규준적이다.

구강기(0-1세)

구강은 운동감각, 촉각, 미각이 자리잡고 있는 장소다. 구강의 쾌감은 음식물 섭취에 의한 것이지만 음식물과 분리되어 입이 <성감대> 또는 쾌감을 느끼는 장소가 되는데, 프로이트는 이런 쾌감을 <성적인> 것으로 분류했다.

이 단계는 출생부터 이유기까지 이어진다. 빠는 행동 그 자체를 위해서 빨기를 할 때, 병리적 자기애적 쾌감의 원형이 된다. 아동은 입에

---

1) 욕동은 본능과 구분되는데, 본능은 고정된 목표를 가지고 있다.

무엇인가를 넣어주는 것을 좋아하며, 그 대상을 확장하면 어머니 또는 젖을 빠는 쾌감과 관련되어 있는 모든 다른 대체물까지 포함한다. 구강과 관련된 쾌감은 모유, 가슴, 젖을 빠는 행동에 한정되지 않는다. 흔들어주기, 어머니의 눈길, 손으로 안아주기, 목욕, 세수 등, 다른 요소도 끼어들며, 이런 모든 것이 쾌감 전체를 구성한다. 이 단계에서 어머니는 최초의 사랑 대상이며, 대상을 흡수(자신의 내부에 집어 넣기)하는 것이 핵심 기제인 아동의 구순 관계 방식에 따라서 이런 사랑의 관계가 조직된다. 이후, K. 아브라함Abraham(1924)은 <구강기에서 가학성애적 구강기라는 두 번째 시기를 구분했다. 이 단계는 이가 나기 시작하면서 깨무는 행동이 특징이다. 이때의 통합은 대상의 파괴에 해당하며, 대상관계에서 양가감정을 갖게 된다는 것을 의미한다>(J. Laplanche와 J.-B. Pontalis, 1967, p. 458).

항문기(1-3세)

항문기는 리비도 발달 과정에서 두 번째 단계에 해당하는데 항문 성감대가 중요한 역할을 한다. <대상 관계는 배변(보유-배설) 기능, 그리고 대변의 상징적 가치와 관련된 의미를 갖는다>(J. Laplanche와 J.-B. Pontalis, 1967, p. 460). 두 살이 되면 <청결 학습> 시기가 도래하고, 이 시기는 대략 1세에서 3세까지 해당한다. 수유기 동안 아동은 별다른 제약을 받지 않는데 주위에서 욕구를 만족시켜주기 때문이다. 그런데 항문기가 되면 아동은 부모의 금지에 부딪치게 된다. 원인이 되는 금지가 중요한 자리를 점유하게 되는데, 이 시기에 아동은 걸음마를 시작하게 되고 결과적으로 볼 때 객관적으로 위험한 여러 관계를 시험하게 된다. 신경근육 시스템이 성숙 단계에 도달하기 때문에 이동할 수 있게 되고 따라서 대상과의 거리를 조절할 수 있게 되지만 조작하고, 주무르고, 깨고, 찢고, 부수려는 욕동에 의해 움직인다. 아동은 사물들을 던지면서 놀이를 하는데, 어른이 그 물건을 주워서 다시 던지면 쾌감이 배가 된다. 근육 활동 차원에서는 자연스러운 공격성을 표현하지만 아직까지 구조화되어 있지 않다. 사물들은 이런 활동의 연장이며, 긴장을 해소시킨다.

항문기는 운동 관련 부하로 인한 쾌감과 부모의 금지에 대한 불쾌감이 특징이다. 아동의 정서적 양가감정은 배설 방식과 보유 방식을 통해서 표현될 수 있다. K. 아브라함(1924)은 가학-항문 단계를 두 시기로 구분하고 매번 대상에 대해서 두 가지 행동 유형을 보인다고 한다.

– 첫 번째 시기 : <배설적 항문기, 가학 충동은 대상의 파괴와 관련된다>
– 두 번째 시기 : <보유적 항문기, 가학 충동은 소유욕 조절과 관련된다>(J. Laplanche와 J.-B. Pontalis, 1967, p. 461).

시간이 지나면서 괄약근 조절 능력을 획득하게 되는데 처음에는 순수한 반사적인 활동이지만, 나중에는 능동적인 것이 된다. 쾌감이 새로운 통제 능력과 연결되어 있고 그로 인해서 아동이 자율성을 확보하는 시기에 어머니의 명령은 아동에게 매우 중요한 역할을 하는데, 그 이유는 아동이 지배-복종 관계에 있기 때문이다. 그런 다음, 사회화를 통해서 이루어지는 자아의 구성 과정에서 배변 통제 능력은, 처음에는 대단한 것으로 평가하지만 나중에는 타인의 시선으로부터 감추게 된다. 이때 자아의 강화와 자아의 한계가 모두 나타난다. 실제로 지배와 복종의 대상 관계에 문제가 있을 경우, 구강기와 연결된 환상을 구성하는 일이 힘들어진다.

남근기(3-5세)*

정신분석에서 남근기라고 부르는 이유는 이 시기에 아동(남녀 모두)이 남성 생식기만을 인지한다고 보기 때문이다. 성 구분은 남근-거세 대립으로 지각된다.

남근기는 3세에서 5세에 해당하며 생식기가 주요 성감대가 된다. 긴장은 주로 환상을 동반한 성기 자위를 통해 해소된다. 남근기 동안 오이디푸스 콤플렉스[2)]를 가장 강하게 경험하게 된다. 오이디푸스 콤플렉스는 부모에 대한 아동의 사랑의 욕구와 적대적 욕구 모두에서 생겨난다.

오이디푸스 콤플렉스의 긍정적인 형태는 남아가 어머니를 독차지하고 싶은 다소 성적인 리비도 경향과, 그렇게 되기 위해 경쟁자인 아버지가 사라지기를 바라고 있다는 죄책감 사이의 갈등으로 나타난다. 거세 불안은 어머니를 독점해서 소유하고자 하는 욕망을 포기하도록 한다. 오이디푸스 콤플렉스의 부정적인 형태는 동성 부모에게 집착하고 이성 부모에게 질투심 섞인 미움의 감정을 보이는 것이다. 실제로 이 두 가지 형태는 이른바 오이디푸스 콤플렉스의 전체적인 형태 안에

2) 성적 욕동이 이성 부모에게 향하는 것을 오이디푸스 콤플렉스라고 한다. 아동은 이성 부모에게 강렬한 성적 욕망를 갖게 되는데, 그로 인해 동성 부모를 멀리해야 할 경쟁자로 간주하게 된다. 이러한 상호주관적이고 정신내적인 현상에서 이성 부모를 향한 사랑은 동성 부모에 대한 증오와 동시에 나타난다.

* 남근기까지의 초기의 세 단계는 성격형성에 중요한 영향을 준다. 어떤 단계에서 충분한 만족을 얻지 못하거나, 너무 지나치게 과잉 충족이 되면 그 단계에 고착된다. –감수자 주

서 다양한 모습으로 나타날 수 있다. 여아에게 오이디푸스 콤플렉스는 어머니와의 관계에서 경험한 실망감으로부터 발생하는데, 남근의 부재에 기인한다. 남근 선망은 아버지의 아기를 가지고 싶다는 욕구로 대체된다.

오이디푸스 콤플렉스가 약화되는 것은 잠복기로 진입했다는 것을 의미하며, 잠복기 동안 성적 발달은 잠시 휴지기 또는 후퇴기를 갖게 된다. 이 같은 후퇴는 아동이 사랑과 죄책감을 느끼는 이중의 욕구를 실현하는 것이 불가능하기 때문이다. 라가쉬Lagarche는 이 시기가 충동 분출이 줄어드는 시기이며, 생물학적인 성장보다 교육이 중요한 역할을 하는 시기라고 한다. 아동은 지난 몇 년 동안 가지고 있던 <다양한 형태의 도착증>을 잊고, 충동에 대항해서 도덕성에 기초한 윤리를 발달시킨다. 지그문트 프로이트는 유기적 기관에 의해서 결정되고 유전에 의해서 정해지는 이러한 발전이 때로는 아무런 교육적 개입 없이도 일어날 수 있다는 것을 인정한다. 오이디푸스 콤플렉스가 해결되는 동안 매우 중요한 변화가 여럿 발생한다. 잠복기 동안 억압이 특히 강하게 작동하고, 동일시 기제가 다시 주된 활동으로 재개된다. 실제로, 불편한 경쟁자를 제거할 수 없기 때문에, 아동은 그 경쟁자와 자신을 동일시하려고 노력하는데, 이는 이성 부모를 정복하려는 오이디푸스적 목표를 잊지 않기 위한 방법이다. 정복에 성공한 경쟁자처럼 되려고 노력하기 때문이다. 동일시 과정의 큰 장점은 변화하는 가운데 욕구의 실현이 지연되는 것을 아동이 감내한다는 것이다. 그러므로 아동은 새로운 대상에 여러 정서를 연속적으로 이동하는 작업을 시작하고, 그와 동시에 긍정적 또는 부정적 정서에 대한 방어 작업을 실시한다. 정서의 이동과 방어에서 가장 발전된 행동은 역리비도 투여를 가능하게 하는 반동형성reaction formation[3]과 진정한 의미에서의 욕동 에너지의 재분배에 의해 만들어진다. 성적 충동을 억압함으로써 갈등을 유발하지 않는 중립적 장소를 마련하고, 이를 통해 교육 학습을 돕고 인지 이해를 발달시키게 된다.

잠복기(5-12세)

대략 6세 무렵, 초자아가 내면화되고 난 다음 잠복기가 시작된다. 정신분석에서 초자아는 모델이 되며 판단 기능을 하는 심급으로서 부모의 요구와 금기사항을 내면화한 이후에 나타난다. <금지 때문에 오이디푸스적 욕망을 포기한 아동은 부모와 자신을 동일시함으로써 부모에 대한 자신의 리비도 투여를 변형시키고, 그렇게 함으로써 금지를 내면화한다>(J. Laplanche와 J.-B. Pontalis, 1967, p. 472).

초자아의 활동은 성 욕구에 대한 아동의 호기심이 상당히 많이 감소되는 것으로 알 수 있으며, 동시에 아동은 점점 더 많이 학업, 친구, 타인, 사회에 대해서 관심을 갖는다. 아동은 스스로 규율을 지키며 규칙적 리듬을 수용한다(식사, 목욕, 학교). 자아가 스스로를 강박적으로 만든다는 것이 밝혀졌는데, 아동이 혐오감, 수치심, 도덕성 같은 반동형성을 발달시키게 된다는 것을 의미한다. 프로이트(1905)는 배설물을 만지거나 더럽게 만들면서 느끼는 쾌감 같은 도착적 경향에 대항하는 데에 사용되는 <정신적 반대 세력>에 대해서 말한 바 있다. 이와 마찬가지

3) 반동형성은 무의식의 억압된 욕망과 반대되며, 무의식적인 증오감을 가지고 있는 어머니가 자녀에게 지나친 다정함을 보이는 것을 예로 들 수 있다.

로 공격성은 동성 부모에 대한 상냥함, 애착, 존경심으로 변형되며 이성 부모에게는 승화[4] 형태로 나타나게 된다(J. Laplanche와 J.-B. Pontalis, 1967 참조). 승화 작업이 일어나면 정신적 균형이 이루어진다. 갈등이 부모 이미지 대체물(선생님, 친구의 부모)로 이동하는 것을 관찰할 수 있다. 이런 과정은 오이디푸스 콤플렉스 청산을 돕는다. 이 같은 균형은 잠복기가 <비갈등적>이라는 것을 뜻한다. 더 정확하게 말하자면 갈등은 존재하지만 감시된다. 이 시기에 나타날 수 있는 신경증적 증상에 대해서는 세심하게 주의를 기울여야 하는데, 병리가 있다는 것을 알 수 있기 때문이다. 오이디푸스적 욕구의 억압이 정상적으로 이루어지지 못하면 자아는 통합과 적응 기능에 실패하고 그로 인해서 고통 받게 된다. 달리 말하면 그런 현상은 신경증의 징후가 된다.

생식기(청소년기)

사춘기에는 일시적으로 잠복기에 있던 욕동이 타오르게 된다. 생리적 변화가 욕망을 깨우고 욕망은 이성 또래로 향한다. 생식기는 청소년기에 해당하며 내적 정신구조가 집중적으로 재편되는 단계이다. 주된 목표는 성인의 성본능 단계에 들어서는 것이다.

---

4) 승화는 욕동에서 성적 특성을 상실하도록 하며 사회적으로 가치 있는 활동으로 이끈다.

2_2 정신적 형성체

형성체 이론은 1958년 R. 스피츠Spitz가 제안한 것으로서 발생학에서 차용한 것이다. 정신적 형성체는 일정 시기에 다양한 발달 경로가 집중되는 지점을 가리키는데, 그 지점에는 여러 요인과 요소가 있어서 앞으로 시작될 발달에 영향을 준다. 형성체는 심리적으로 성숙해짐에 따라 만들어지는 새로운 능력이 집중되는 것이다. 보다 복합적인 재구조화가 이루어지면서 형성체가 정신체계에 영향을 미치고, 이러한 작업은 위기 또는 발달 전환이 이루어지는 시기에 발생한다. 하나의 형성체 단계에서 다른 단계로의 성공적인 이행은 아동 발달을 위한 <촉매> 역할을 한다(J. 아주리아게라Ajuriaguerra, 1974).

형성체는 눈에 보이지 않으며, 정신적 발달 또는 발전적 진보를 보여주는 모습인 <표시>에 의해서 포착될 뿐이다. 표시가 나타나면, 형성체가 재구조화 기능을 완수하고 있다고 짐작할 수 있다.

R. 스피츠Spitz(1958)는 세 형성체에 대해서 다음과 같이 설명한다.

- 첫 번째 형성체는 웃음 반응으로 정상적으로는 3개월 무렵에 나타난다. 아동은 어떤 요구를 하는 사람이 누구건 상관없이 웃음으로 반응한다. 이런 반응은 새로운 행동 방식을 습득했다는 것을 보여준다.
- 두 번째 형성체는 낯선 사람이 다가올 경우 불안감을 보이는 것으로 나타난다. 이때 어머니 혹은 친한 사람이 다가오면 계속해서 웃음으로 반응을 보이며 정상적으로는 8개월 무렵 나타난다. 이것을 8개월차 불안이라고 한다. 이런 불안감은 대상을 구분하는 능력이 나타났

음을 보여준다.

– 세 번째 형성체는 거부의 표시다. 이것은 고개를 부정적으로 흔들거나 거부하는 말을 함으로써 드러나며 정상적으로는 15개월 무렵 나타난다. 판단력과 추상화 능력을 습득했음을 보여준다.

병리를 보일 때는 형성체에 이상이 있을 수 있다. 정신발달 과정이 중단되고 신체의 성숙만 지속되면 부조화가 발생하고, 결국 정신 장애의 원인이 된다.

2_3 환경과 어머니의 보살핌

D.W. 위니코트 Winnicott(1969)는 유아는 환경, 즉 어머니의 보살핌과 분리해서 생각할 수 없다고 강조했다. 어머니의 보살핌은 유아의 정신 환경을 구성하는 부분이다. 또 유아를 지원하고, 억제하고, 신체 경계와 자아 경계 발달에 매우 중요한 역할을 한다.

위니코트는 이러한 환경 기능에서 다음 세 가지 양상을 구분한다.

– *안아주기 holding* 또는 아동이 신체적으로 들려지는 방식
  안아주기가 제대로 이루어지지 않을 경우 시간이 흐르면서 잘못된 통합이 일어나게 된다.
– *다루기 handling* 또는 아동이 돌봐지고 대해지고 취급되는 방식
  다루기가 잘 이루어지지 않으면 자아의 <개인화>, 즉 신체와 자신의 경계에 대한 지각이 변한다.

– *대상 제시object presenting* 또는 어머니가 아동에게 대상과 주변 세계, 더 나아가 공유 현실이라고 부를 수 있는 것을 보여주는 방식

어머니의 주의력과 가용성은 현실과의 관계를 조정하는 데에 크게 도움이 되며, 이에 따라서 일관성과 자아 확립이 이루어지고, 창조적이자 마술적인 능력과 외부 세계와 의미 있는 교환을 시작하는 능력이 잘 발달하게 된다. 위에서 언급한 다양한 상호작용을 통해 제일 먼저 신체적 상호작용 차원에서 아동과 어머니가 서로에 대한 행동 조절 방법을 배우게 된다. 이 단계에서 D.W. 위니코트Winnicott(1969, 안아주기, 다루기, 대상제시)가 제시한 이론을 반드시 참고할 필요가 있다.

시각적 상호작용에 대한 연구 역시 임상적으로 매우 중요하다. 이 분야의 주요 연구는 역시 D.W. 위니코트Winnicott(1969)의 이론인데 아동 발달에서 어머니와 가족의 거울 역할을 강조한다. 위니코트는 이러한 거울의 전조가 바로 어머니의 얼굴이라고 보았다. 유아가 어머니의 눈을 바라보면 자신을 바라보는 어머니를 보게 되기 때문이다. 유아의 시선은 어머니에게 매우 중요한 역할을 하는데, 대개의 경우 만족감과 인정을 표현하는 것으로 지각된다. 이와 마찬가지로 어머니가 아기를 쳐다보면 아기가 어머니의 눈을 바라보는 경향이 증가한다. P. 마제Mazet와 S. 스톨르뤼Stoleru(1988)는 어머니와 아동이 서로 바라봄으로써 서로의 눈 속에 <빠져 드는>것 같은 인상을 준다고 생각했다. 이때 바라보기는 어머니-자녀 사이의 가장 원초적인 <융합> 양상을 보여준다. 실제로 바라보기로 인해서 아동의 자아가 구성되고, 바라보기를 통한 정신적 교류가 정신을 구성하는 데에 영향을 준다.

목소리를 이용한 상호작용은 의사소통에서 특히 선호되는 방식이다. J. 보울비Bowlby(1984)는 이런 상호작용이 어머니와 아기 사이에 공간적 근접성을 구축하는 것을 돕고 애착 형성에 매우 중요한 역할을 한다고 보았다. 일부 학자들은 <음향 탯줄>에 대해 언급하고, 또 다른 학자들은 자기 아이의 울음소리에 어머니가 매우 빨리 반응하는 이유를 설명하면서 이런 태도가 아기에게 보다 풍부하고 다양한 의사소통 방식을 발달시키도록 돕는다고 제안한다. 생후 처음 몇 개월 동안 어머니가 부드럽게 안아주는 것을 자주 경험한 유아는 첫 해가 끝날 즈음에는 별로 신체 접촉이 없어도 만족하는 것처럼 보인다. 그러나 가장 중요한 것은 자기 아이의 울음소리에 빠르게 반응하는 어머니의 능력은 보다 일반적으로 말해서 안아주기, 정서, 발성 같은 요소의 풍부함이나 다정함과 연결되어 있다는 것이다.

어머니(아버지 혹은 어머니 대체물)와 유아 사이의 다양한 커뮤니케이션 방식이 만들어지면 서로 정서적 상태를 표현할 수 있게 되거나 <정서 충만bain d'affects>을 경험하게 되는데, 정서 충만이란 조화, 정서 일치의 순간이라고 할 수 있는 감정 조율emotional tuning[5] (D. Stern, 1985)을 뜻한다. 정서적 상호작용 도중, 예를 들어 어머니가 유아를 팔에 안고 있을 때, 흉내내기, 바라보기, 발성, 다양한 신체 자세, 어머니의 활기 등이 유아에게 전해진다. 의도하지 않았지만 어머니는 결과적으로 유아를 대화에

5) 감정 조율emotional tuning 개념은 이론, 실무, 치료 차원에서 매우 중요하다. 정서적 공감은 감각을 통해서 이루어진다. 어머니는 몸짓 또는 얼굴 표정으로 유아에게 공감을 표시한다. D. 스턴Stern (S. Lebovici와 F. Weil-Halpern, 1989 참조)은 공감에 대한 사례로 다음과 같은 내용을 들었다. <아홉 달 된 어린 아동이 어머니 앞에 앉아 있다. 이 아동은 작은 딸랑이를 손에 들고 흔들고 있었으며, 흥미와 즐거움을 표현하고 있었다. 아이를 바라보면서 어머니는 고개를 아래위로 끄덕이기 시작했고 아들의 팔의 움직임과 같은 속도로 계속 고갯짓을 했다.>

참여시키게 된다. 이를테면 대화 도중 유아에게 모유에 대해서 말할 때, 어머니는 수유 자세와 유사한 자세로 유아를 안으며 말하고, 기저귀 갈기에 대해서 말할 때에는 유아를 자신의 무릎 위에 엎드려 눕힌다.

정신적 형성체가 등장하고(R. Spitz, 1958) 특히 웃음이 나타나면서, 부모는 아기가 주관적으로 경험하는 것이 무엇인지 알게 되고 유아도 부모가 자신에게 어떤 감정을 전해주려고 하는지 느낀다.

낯선 사람에 대한 두려움은 어머니와 분리되는 능동적 과정을 표현한다. 시각적 상호작용은 어머니와 유아 사이의 정서적 공감을 돕고, 시선 접촉은 상호 애착의 기초가 된다. 어떤 학자들은 이런 메커니즘을 우울증에 걸린 어머니의 <활기 잃은> 얼굴 표정과 비교하면서 <자석 시선>이라고 말한다. 실제로 어머니의 얼굴에서 생기를 보게 되면, 아동은 활기차고 안전한 내부 느낌을 갖게 된다. 반대로 어머니가 <활기를 상실>하게 되면, <혼돈>을 만들어내는 공허감, 결핍, 부재 같은 느낌을 끌어들이게 되고 창의성 감퇴가 그 결과로 나타난다. 어머니의 얼굴은 거울이라기보다 하나의 사물이 되고 아동은 그것을 어떤 비활성적인 대상으로 취급한다. 이때 아동의 시각적 기능이 전적으로 지각적이고 방어적 기능으로 변할 위험이 매우 커진다. 아무것도 돌려받지 못하면 유아는 후퇴를 준비한다. 이 같은 시각적 과잉 리비도 투여는 어머니의 우울과 결합되어 공허함의 느낌에 저항한다. 능동적으로 되기 위해서 유아는 지각에 집착하게 되는데, 어머니가 자신을 바라보지 않고 말을 하지 않기 때문에 지각에 자신만의 의미를 부여한다. 따라서 어머니가 신체적으로 자신에게 집중하지 않으면 아동은 자신의 정신적 상태에 리비도를 투여하지 않게 되고 보상적으로 자신의 물질적 상태에 리비도를 집중하게 된다(Lanouziére, 1991). 모든 아동은 자극을 갈구하며, 우울증에 걸린 어머니를 가진 유아의 지각적 탐구 역시 증가하는데, 이것은 어머니의 내적 상태에 대한 표시를 찾으려는 것이기도 하다.

어머니의 역할이 매우 중요하지만 아버지의 역할과 어머니와 유아 옆에 아버지가 있다는 사실 또한 중요하다. 아버지가 어머니-유아 두 사람 사이에 개입하는 방식과 부부의 관계 유형이 어머니-유아 관계를 원활하게 하거나 저해할 수도 있고 또는 바꾸어 놓을 수도 있다. 아버지-유아의 상호작용이 어머니-유아의 상호작용보다 더욱 신체적이며 자극적이다. 어머니와의 놀이는 지적이거나 교육적이며 사물을 활용하는 반면 아버지와의 놀이는 신체적인 경우가 많으며 보다 많은 자극을 만든다. 아버지는 놀이와 관련해서 보다 자극적인 접근방식으로 어머니와 반대되는 모습을 보이는데, 어머니는 아동의 주의력을 유지하기 위해 거리를 두고 시각적으로 놀이를 한다. 그러므로 유아는 아버지와 어머니에게 각각 상이한 태도를 보이게 된다. 유아는 아버지가 어머니보다 능동적이고 공격적이며 거칠다고 느끼고 어머니에게 보다 더 큰 거리감을 갖는다. 아버지의 태도는 유아의 독립성과 공격성을 조장한다. 따라서 아버지는 분리의 매개, 즉 놀이를 통해 공격성을 승화시키는 촉매 역할을 하게 된다.

2_4 분리-개별화 과정

M. 말러Malher(1967)는 아동 발달을 정상적 자폐기, 정상적 공생기, 분리-개별화의 세 시기로 구분한다. 말러는 이 시기 중 하나가 빠지거나 충분하게 통합되지 못하거나 실패할 경우, 아동이 장애를 일으킬 수 있다고 한다. 첫 번째 시기에는 아동 자폐증이, 두 번째 시기에는 공생적 정신증이, 그리고 세 번째 시기에는 경계성 인격장애가 발생할 수 있다.

정상적 자폐기(0-2개월)

영아가 어머니 뱃속에서 경험했던 것과 유사한 항상성 균형 상태를 계속해서 다시 만들려고 함으로써 쾌감-불쾌감, 긴장감, 긴장 완화 등의 경험을 조절하는 시기이다. 어머니는 자극을 막아주는pare-excitation 역할, 즉 영아의 기본적 욕구를 충족시키는 가운데 외부 자극으로부터 아기를 보호한다. 반복적으로 어머니의 목소리, 쓰다듬기, 냄새 등을 경험하는 가운데 이런 요소가 불쾌감을 유발하는 긴장을 줄일 수 있다는 것을 유아가 알게 되면 자신이 이러한 어머니의 행동으로 인해서 안도감을 느끼게 된다는 것을 이해하게 된다. 신체적으로 경험한 것이 타인으로 인한 것이라는 사실을 지각함으로써 최초로 자신과 타인을 구분하는 기초적 토대가 마련된다. M. 말러Malher는 타인의 행동을 통합하지 못해서 구분이 일어나지 않을 때 자폐증이 발생한다고 한다.

정상적 공생기(2-5개월)

어머니-유아 사이에 공생적 연합에 대한 환상이 발달한다. 두 사람이 하나의 존재이며 세상에 대해서 강력한 힘을 가진 존재라고 생각한다. 유아의 최초 정서 반응은 소리지르기, 울기, 웃기인데 이를 통해 어머니와 소통한다. 이런 반응에 대한 어머니의 대응능력과 감수성은 유아에게 행복감을 주고 긍정적인 초기 정서적 상호 교환을 시작하도록 한다. 이런 방식으로 일종의 내적 코드라 할 수 있는 것을 서로 이해하고 발달시키게 된다. 기억에 남아있는 흔적이라는 방식으로 경험을 기억하는 것은 매우 중요한데, 이것이 앞으로 유아가 만들어갈 사회적 관계의 토대를 미리 구축하기 때문이다. 어머니-유아 상호간의 정서적 조화가 이루어져서 어머니를 다른 대상과 구분하고 자신에 대한 일차적 표상을 갖게 된다.

여러 가지 이유로 고착 또는 퇴행이 이 시기에 발생하게 되는데, 현실에 대해 결함이 있는 융합적 관계를 유지함으로써 공생적 정신증이 나타날 수도 있다. 정신증 아동에게서 <정신증적 대상>, 즉 그가 분리될 수 없는 모성적 대체물이라고 여기는 물질적 대상을 빼앗을 때 그가 경험하는 극도의 불안 상태는 바로 이러한 해석을 통해서 이해할 수 있다.

분리-개별화 시기(5개월-3세)

진정한 의미에서 자신과 타인이 탄생한다고 할 수 있으며 분리-개별화라는 정신적 과정을 특징으로 한다. 점차 타인을 단순하게 자신이 연장된 존재가 아닌 별개의 개체로 인식하게 된다. 이와 동시에 아동은 자신이 자율성을 가지고 있으며 세상에 대해서 스스로 행동할 수 있고 어머니와 분리되어서 기능할 수 있다는 점을 자각한다. 정서적 대상의 내적(정신적) 영속성이 이 같은 중요한 진전을 가능하게 하며 그 단계는 다음과 같다.

– 구분 : 아동이 어머니를 구분하고 어머니에게 좋아한다는 표시를 한다
– 연습 : 운동성 확보와 주변 탐사 시기
– 개인성 접근 및 강화 : 행동과 대상의 상징화가 가능해진다. 외로움, 우울감, 무력감 같은 새로운 감정이 나타난다

아동이 어머니와 함께 나눈 경험을 내재화하고 어머니를 내적으로 표상하게 되면 자신이 안전하다고 느끼고 불만을 참을 수 있게 되며, 자신감을 갖게 된다. 이때 아동은 현실의 어머니를 어머니 표상으로부터 구분하게 되고 공격성이나 양가감정은 어머니의 표상으로 향하게 되는데, 이렇게 함으로써 현실의 어머니와의 관계를 보호하고 유지한다.

이러한 세 번째 시기가 실패할 경우, 경계성 인격장애 같은 질병이 나타나기 쉬운데, 융합에 대한 불안감, 사랑하는 대상의 상실에 대한 불안감, 대상의 사랑을 상실하는 것에 대한 불안감 등이 나타난다.

M. 말러Malher의 공헌은 어머니-자녀 사이의 초기 정서 관계, 성인이 되었을 때 초기 정서 관계의 역할, 발달 과정에서 분리와 개별화의 역할, 초기 정서 관계가 실패했을 때 나타나는 병리의 중요성을 강조했다는 것이다. 그러나 그의 이론은 임상 사례의 과거 분석을 토대로 만들어졌다는 점에서 한계를 보인다. 앞에서 강조한 것처럼, 직접관찰에 의한 최근의 연구작업은 유아의 <미분화된 초기 상태>에 대한 말러의 이론을 반박한다.

2_5 초기 상호작용

상호작용이란 적어도 두 개의 현상 또는 두 사람 사이의 작용이라고 정의되며, 행동 또는 영향력의 형태를 띤 상호성이라고 할 수 있다. 그러나 상호성이라는 개념은 더 이상 학문에서 유효하지 않은 단선적 인과 모델에 기초하기 때문에 상호작용을 설명하기에 충분하지 않다. 커뮤니케이션 이론에 의하면 개인 간 의사소통은 여전히 피드백[6]이라는 반작용을 동반하는 복합적 순환 모델에 따라서 이루어진다. J. 아주리아게라Ajuriaguerra(1974)는 상호성 때문에 정서적 공감이 일어날 수 있다고 보았다. 상호 작용은 하나의 시스템으로서 각자 상대에게서 나오는 피드백에 대한 응답으로 자신의 행동을 변화시키는 틀이다. 상호 작용의 패턴[7]은 민감한 시기에 조직되는데, 아동과 어머니의 유형, 아동의 활동과 어머니의 대응능력, 상대방의 신호나 상호 작용에 반응하는 능력에 따라서 달라진다. 또한 처음 몇 주 동안 자신만의 사회적 활동 리듬을 가지고 있는 어머니가 아기의 생리적 리듬에 적응하는 방식과 아기가 그런 제약을 어떻게 감내하는지에 따라서 달라지기도 한다. 실제로, 패턴을 기능적으로 만드는 조건은 어머니와 아기 사이의 대립, 이들의 활동성과 수용성에 따라서 결정된다. 이렇게 해서 결정적인 변수가 무엇인지 모른다고 해도 상호 작용의 나선 속에서 겹치는 다양한 변수가 무엇인지 알 수 있다. 상호작용 차원에서는 <하나의 직접적 원인>

6) 피드백feed-back은 사이버네틱스 혹은 심리학에서 반응적 통제 행동을 가리키기 위해 영미인들이 사용하는 용어다.

7) 패턴pattern 혹은 유형patron(佛)은 어떤 인간 현상의 구조를 단순화시켜 재현하는 특이적 모델이다.

이 무엇인지 알 수 없다. 다시 말하자면 무엇이 아동의 행동을 변하게 했는지 알 수 없지만 그런 변화는 사람들의 반응과 무관하지 않다. 그렇기 때문에 심리학자는 의미와 원인에 대해서 또 다른 방식으로 생각하게 되는데, 어머니와 아동 각자 혹은 두 사람 모두 때문이 아니라 이들의 상호작용이 원인이 되기 때문이다. 상호간의 활동과 상호의존성이 변증법적인 사고를 동원하고, 거기서 생명체는 자신에게 힘을 행사하지만 반대로 자신이 변화시킬 수도 있는 환경 속에서 성장하게 된다.

정신분석 이론은 과거에 일어났던 일로 현재를 설명하는 것 같은 단선적인 원인과 결과에 대한 연구가 아니다. S. 르보비치Lebovici는 단선적인 원인과 결과 이론이 프로이트가 논한 시간성과 인과성이라는 두 가지 근본적인 정신적 인과 양태를 간과하고 있다고 지적한다. 시간성은 사후성(Nachträglichkeit, adj. 그리고 adv. Nachtr äglich, 이 용어는 프로이트에 의해서 사용됨, J. Laplanche, J.-B. Pontalis, 1967, p. 33)으로 인해서 밝혀지는 시간에 의한 작업을 고려한다는 것을 의미한다. 사후성은 경험에 또 다른 의미를 부여하는데 행동, 사건, 정서, 환상 등 모든 것과 관련이 있다. 발달에 걸리는 시간은 이전 여러 해 동안 발생했던 사건에 어떤 의미를 부여한다. 이처럼 상호작용적인 <실행>은 성인이 되었을 때 징후적 행동의 형태로 재조직된다.

기억의 신경생물학적 기능에 대한 가장 최신의 이론으로 사후성 이론을 설명할 수 없다. 신경과학자는 유아가 과거에 일어났던 사건의 흔적을 기록할 수 없다고 한다. 기억은 신경 네트워크 시스템에 의해서만 작동하며, 신경망은 유사 환경의 도움이 있어야 각성되기 때문이라는 것이다. 한편 사후성 이론은 여러 사건이 과거에 의미를 부여하는 힘을 가지고 있다는 것을 의미하며, 그 힘은 가족 시스템과 그 시스템을 지배하는 순환적 인과성 연구에서 매우 중요한 자리를 차지하는 <반작용> 개념과 상당히 유사하다(S. Lebovici와 M.-F. Castarède, 1992 참조). 프로이트는 다양한 경험과 새로운 성숙 단계에 따라서 경험, 인상, 기억이 재조정된다는 사실에서 출발한다. 그리고 새로운 성숙 단계에서 공포증은 욕망에 대한 방어 체계라는 점을 간파했다. 따라서 초기 상호작용 과정에서 발행하는 여러 사건이 환자가 성인이 된 후에 분석 과정에서 제시할 수 있는 진정한 의미의 이야기가 된다고 이해할 수 있게 된다. 정신분석에서 인과성 개념은 시간적 순서에 초점을 맞추지 않는데 그 이유는 억압의 활동을 고려해야 하기 때문이다. 사건 A가 일어났기 때문에 사건 B가 일어난 것이 아닌데 그 이유는 사건 A가 동반하는 정서가 아니라 사건 A의 표상과 억압이 관련되어 있기 때문이다. 그리고 사건 A의 정서는 다른 표상으로 이동하게 된다. 이렇게 전이적 상황에서 여러 정서는 재구성 작업에 의해 다시 자신의 자리를 찾게 된다. 의미를 부여하려는 노력은 표상에 리비도를 부착하고 역부착하는 규칙의 이동과 변형을 전제로 한다.

지난 30년 동안 상호작용 개념은 일반 시스템 이론을 통해 사이버네틱스에서 생물학으로, 그리고 시스템 이론가들이 인간 커뮤니케이션에 적용한 동일 이론을 통해 심리학에서 정신병리학으로 전달되었다. 상호작용에 대한 연구는 실험적 과정을 사용함으로써 객관적이고도 매우 면밀한 연구를 가능하게 했다. 정신분석학적 연구는 어머니의 보살핌에 전적으로 의존하는 상태와 유아가 초기에 어려움을 겪는 시기부터 외부 대상에 대해 상대적으로 자율성을 얻기까지의 여정을 재구성했다(M. Malher, 1967). 결국 정신분석학자들은 최초로 대상관계가 일어나는 순간에 대해서 이야기할 때 암묵적으로 <어머니와 아기가 서로 영향을 주는 나선> 이론을 자신들의 초기 의존 이론에 결합시키게 되었다(S. Lebovici, 1960, 1983). 그래서 <상호작용적인 실행> 속에서 이루어지는 작용이 시간과 공간 속에서 어떻게 구성되는지, 아동과 성인의 정신적 기능이 갖는 구조적 특징이 어떻게 발생하는지 이해할 수 있게 된다(S. Lebovici, 1983). 일반적으로 초기 상호작용에 대한 연구는 행동 상호작용, 정서 상호작용, 환상 상호작용 등 세 가지 유형을 통해 접근할 수 있다.

행동 상호작용

유아는 자신의 주변 특히 어머니와 커뮤니케이션을 시작한다. 유아와 어머니는 다양한 감각 채널을 통해 메시지를 서로 전달한다. 행동 상호작용에 대한 연구는 아동의 행동과 어머니의 행동이 신체적, 시각적, 음성적 차원에서 서로 어떻게 조화를 이루는지에 관심을 갖는다. 행동 상호작용에 대한 연구는 관찰된 행동에 대한 환상의 역할을 이해하게 해 준다. 어머니가 유아의 행동에 어떻게 반응하는지, 적절하게 적응하는지 관찰한다. 예를 들어, 어머니의 무릎 위에 있던 유아가 바닥으로 내려가고 싶다는 것을 움직임을 통해 알릴 경우 어머니는 여러 방식으로 행동을 취할 수 있다. 유아를 조심스럽게 바닥에 내려놓거나, 그냥 계속해서 유아와 말을 나눌 수도 있다. 계속 말을 건넨다면 유아가 보낸 신호가 어머니에게 도달하지 못했거나, 도달했다고 하더라도 어머니의 행동에 영향을 미치지 못해서 단지 무릎 위에서 좀 더 편안한 자세를 잡으면서 기존의 자세를 더욱 확실하게 유지할 수도 있다. 어머니가 유아의 의도를 지각했어도 어머니는 유아의 의지에 반해서 행동할 수 있는 것이다. 이 같은 사례는 상호작용에서 <상호성> 개념의 중요성을 보여준다. 상호성은 상호작용의 대상(어머니, 아버지, 유아)이 상대방의 신호를 지각하는 방식, 그리고 응답하는 방식과 관련이 있다. 예를 들어, 어머니의 행동은 유아가 가지고 있는 이미지와 일치할까 아니면 반하는 것일까? 다양한 행동을 통해서 아동과 아동의 현재, 그리고 미래에 나타나게 될 결과에 매우 중요한 영향을 주는 어머니의 특징을 알 수 있다.

I. 레진Lézine (S. Lebovici가 인용함, 1983)이 언급한 최초의 섭식 경험 사례 역시 시사하는 바가 크다. 엄격한 어머니 범주에 속하는 이들은 경직되어 있으며 유아를 편안하게 잡지 못하고, 피부 접촉을 피하며, 마실 것을 강요하며, 눈물에도 무감각하고, 결과적으로 아동의 행복에 무관심하다. 여기서 행동 차원에서 일어나는 상호작용의 부적절함을 볼 수 있는데 이런 행동은 어머니에게 특정한 정신적 특징이 있다는 것을 암시한다. 그러나 또 다른 중요한 사실 하나는 상호작용이 <역동적 과정이며, [...] 시간이 흐르면서 변화하고, 처음에는 매우 굳어있던 어머니도 점점 발전해서 유아의 요구에 깊이 주의를 기울이게 되는 경우도 있다는 점이다. 유아 역시 발육을 통해 변화하며 보다 많이 주의를 기울이게 된다>(S. Lebovici, 1983).

정서 상호작용

상호주관적 경험은 <정서 충만bain d'affects(fr.)> 속에서 이루어진다(S. Lebovici, 1983). 어머니는 유아의 욕구와 욕망을 해석하면서 자신의 정서를 전달한다. 이를 위해 어머니는 유아의 정서 상태를 지각할 수 있는 공감 능력을 사용한다. 르보비치Lebovici와 베이-핼퍼른Weil-Halpern은 D. 스턴Stern(1989)의 말을 인용해서 부모-자식 관계에서 가장 신비로운 측면은 <각자 상대방이 주관적으로 경험하는 것을 알게 되는 방식과 관련되어 있는 것>이라고 했다. 정서적 공감은 상대방의 내적 상태를 지각할 수 있는 방법이며, 행동을 해석함으로써 얻어진 효과임을 알 수 있다. D. 스턴Stern은 다음과 같이 예를 들고 있다. <아홉 달 된 남아가 손에 부드러운 장난감을 쥐고 처음에는 거칠게, 그리고 점점 더 즐거움과 활기를 가지고, 더 나아가 유머를 가지고 두드리고 있다. 이런 식으로 리듬을 발달시키는 것이다. 어머니는 유아의 리듬에 맞추어서 입으로 '쿵딱 쿵딱' 소리를 내는데 '딱'은 유아가 때리는 순간을, 그리고 '쿵'은 유아가 때리기 전 팔을 들고 있을 때를 말한다>. 이런 현상에서 가장 중요한 것은 대인간 정서 커뮤니케이션이 아동에게 자신의 내적 정서 상태가 공유될 수 있다는 것을 인식하도록 한다는 점이다. 공감이 없다면 아동의 정서 상태는 모든 대인 맥락에서 동떨어져 있게 될 것이다. 정서 상호작용에 대한 연구는 유아의 감각 표현 방식(시각, 미각, 후각)의 다양성과 조숙성을 보여준다. 다양한 감각은 <생기 정서vitality affect> 또는 <생명 정서life affect> 덕분에 발달하며, 표상의 섬세함은 유아가 하나의 감각 양상에서 다른 양상으로 바꿀 수 있는 능력을 통해서 표현된다. 이런 능력을 <비양식적 지각amodal perception>이라고 부른다. 이번

장의 마지막 부분, <자기 감각>에서 이 개념을 상세히 설명할 것이다.

환상 상호작용

1983년, S. 르보비치Lebovici는 L. 크라이슬러Kreisler와 B. 크레이머Cramer가 <환상 상호작용>이라는 용어를 1981년에 사용했다고 밝혔다. 아이는 어머니의 오래된 욕망의 산물이다. 아이는 부모의 어린 시절 억압된 갈등, 오이디푸스 갈등, 자기 어머니가 자신의 아버지를 사랑한 것처럼 자신도 아버지를 사랑해서 아버지의 아이를 가지고 싶은 어머니의 아이다운 환상의 산물이다. 아이는 결국 외할아버지의 자식이며 외할머니에 대한 죄책감과 수치심으로부터 태어난 부채의 대상인데, 외할머니는 더 이상 아이를 가질 수 없기 때문이다. 어머니-딸의 관계에 초점을 맞추면, 외할머니는 동일시 과정을 통해 어머니가 자기 정체성을 형성하도록 돕는다. 그래서 모성을 갖게 될 때 진정한 의미에서 여성에서 어머니로의 전환이 일어난다.

어머니의 동일시는 초산부일 경우 특히 더 증폭되는데, 이때 오이디푸스 콤플렉스, 자신의 어머니와의 경쟁 관계, 또 가계도 차원 등에서 다양한 재구성 작업이 일어나게 된다. 한때 자신의 모습이기도 했던 유아를 통해 자신의 어머니와 자신이 가진 유아의 이미지, 그리고 보다 원초적인 전성기기적 갈등이 다시 나타나는 것을 보게 된다. <어머니는 유아처럼 자신의 억압된 표상들이 갈등을 일으키면서 스스로를 표현하며 자신의 어머니에 대한 억압된 이미지가 의외의 방식으로, 또 외상을 주는 방식으로 자신으로부터 솟아나는 것을 보게 된다>. 좀 더 후에, <두 사람 사이에 병리적 관계가 발생하면 어머니는 유아에 의해 괴

롭힘을 당하거나 유아를 두려워하게 되며 자신의 실제 어머니 또는 환상으로 만들어낸 어머니에게 부여된 역할을 수행하도록 강요된다. 양쪽 부모와의 관계에서 상징화가 잘 진행되는 경우, 요구, 경멸, 미화[8]가 최소로 줄어드는 것을 관찰하게 된다>. 반대로 자신의 어머니를 다가갈 수 없는 존재로 지각하고 보살핌을 거의 받지 못했다고 느낄 경우 모성 우울증이 나타날 위험이 있다. 그렇게 되면 지나치게 요구가 많고 해를 끼치는 것처럼 느껴지는 유아로부터 후퇴하게 된다. 그리고 어머니와의 동일시는 자기애적인 것이 된다. 유아는 아마도 <유아-조상enfant-ancêtre(fr.)>처럼 인식되고 상상되는 듯하다>(M. Lefebvre, 1985). 다시 말해서 임무를 부여 받은 것처럼 인식된다. 어머니는 임신 중반기부터 자주 공상에 빠지기 시작한다. 임신기간 동안 일어날 수 있는 여러 사건이 이런 공상에 영향을 미치게 되는데 공상은 부모의 전의식 속에서 만들어진다. 예를 들어, 부모 중 한 사람의 사망은 아동의 운명에 영향을 미칠 가능성이 크다(가족의 비밀도 마찬가지다). 대리 아기replacement baby에 대한 모든 연구는 한편으로 고인이 자신의 삶과 때이른 죽음의 비밀을 아기에게 전달하지만, 다른 한편으로 그 비밀은 아동의 발달에 부담을 주는 침묵의 대상이 된다는 데 일치된 견해를 보인다. 한편 어머니도 자녀에 대해 환상을 갖는다. 환상은 잔존하는 어머니의 오이디푸스 콤플렉스와 동일시 과정의 어려움에 기인한다. S. 르보비치Lebovici (1996)는 어머니가 되어 아이를 갖고 싶어하는 것을 <세대 연속에서 자신이

8) 일반적으로 미화는 누군가에게 이상적 성격을 부여하는 기제를 말하며 아름답게 꾸미려는 경향과 관련이 있다. 정신분석, 보다 정확하게는 멜라니 클라인M. Klein(1952)은, 미화가 좋은 대상과 나쁜 대상을 구분함으로써 공격적 욕동에 대항하는 일종의 방어기제라고 한다.

한 단계 뛰어넘을 거라는 사실과, 아이의 외할머니가 될 자신의 어머니가 더 이상 어머니가 아니라는 것을 미래의 외할머니에게 알리는 것> 이라고 하는데, 자신이 낳을 아이 역시 아버지에게 아이를 주고자 하는 억압된 오이디푸스적 소원을 실현하려 한다는 점에서 어머니의 죄책감은 심해진다. 그러므로 상상의 아이는 외할아버지에게 주는 아이가 되며, 이로 인해서 아이는 대리자가 된다.

S. 르보비치Lebovici는 <세대전달 임무>가 피할 수 없는 것이라고 보았다. 실제로, 지나간 세대의 갈등은 아동의 정신적 삶을 형성하고 아동을 운명 속에 가둔다. 치료사에게 있어서 난점은 이러한 환상에 접근하는 것인데, 진료를 통해 어떤 환상을 가지고 있는지, 어떻게 세대간에 전해지고 있는지(여기서 세대간 전이라는 용어가 나옴) 밝히는 것을 목적으로 한다. 진료를 하는 동안 환자의 생애에 대한 이야기와 르보비치가 <생명 나무tree of life>라고 명명한 가계도를 만들어서 환자의 이야기에 접근한다. 르보비치는 <생명 나무>가 가계도의 기능을 구성한다고 본다. 생명 나무는 또한 그것을 말한 사람의 행동과 환상적 구성에 상응하는 것이다. 그러므로 예를 들어 아이의 이름을 선택하는 데에 관심을 보이는 이유는, 부모의 환상적 삶 속에서 아이가 차지할 또는 차지하고 있는 위치를 짐작할 수 있게 해주기 때문이다. 이름은 문화적 전통에 따라서 택할 수 있다. 이름은 아이에게 부여된 성에 대한 선호도를 나타내거나, 상상 속 아이와 환상 속 아이를 연결해주는 접점을 나타낼 수도 있다. 상상 속 아이는 가족 시스템 내에 자리잡고 있으며, 환상 속 아이는 유아에 대한 무의식적 욕망 투사의 성격을 보여준다.

이름 선택에 대한 관심은 상상 속 아이, 현실 속 아이, 환상 속 아이, 셋 사이의 관계에 대해 질문하도록 한다. M. 르페브르Lefevre (1985)는 젊은 나이의 산모가 상상 속 아이를 상실함으로써 대상 상실이자 자기애적 상처인 애도를 경험하게 되면서 현실 속 아이로 만족해야 하는데 현실 속 아이의 모습은 산모를 만족시키지 못한다고 생각했다. 가장 좋은 상황은 어머니와 아버지 모두 상상 속 아이와 현실 속 아이 사이에서 타협점에 도달하는 것이다. 이렇게 해서 부모의 리비도 투여 성향은 어느 정도 아동의 초기 관계 양식을 결정한다. 초기 관계 양식은 후에 쉽게 다시 시작되기도 하고, 고통스럽게 혹은 병리적으로 찾아오기도 한다.

청소년기에 이르면 아동과 가족은 심리적 대혼란에 처하게 되고 이때 지속적인 정신적 사회적 적응이 필요하다. 한 사람의 개인이 학습에서 어려움을 겪으면서 자신에 대한 표상도 손상된다면 자기Self의 구축과 발달에 대해서 질문하게 된다. 이 같은 자기의 변질은 만성 우울증(특히 사회적 후퇴, 감정 조절과 감정적 고뇌로 인한 어려움, 불안정한 자기애적 태도 같은 형태를 띤다), 학교 이탈 또는 학업에 관심을 두지 않는 것(추론 시 상당한 지체, 인지 비구조화) 등으로 드러난다. 흔히 이러한 어려움은 전체적이고 분리할 수 없는 임상 양상의 표현이라는 점에서 서로 연결되어 있다. 이것은 유전 심리학자들과 정신분석학자들의 연구를 고려할 필요가 있다는 것을 뜻한다. 이들의 연구를 다차원적인 관점에서 통합하면서 몇 가지 사실을 서로 다른 차원에서 살펴보고, 두 이론 모델에서 유사한 과정을 찾으려 시도해야 한다. 아동은 능동적이며, 자신의 방식대로, 독창성과 개성을 가지고 있으며 부모를 진정한 의미에서 <부모>로 만들면서, 또 자신이 어머니나 아버지가 된다. S. 르보비치Lebovici(1994)에 의하면 상상 속 아이는 부모의 투사와 계획을 통해 부모의 기대를 구체화한다. 부모는 일반적으로 이런 과정에서 자신의 부모와의 관계를 특징짓는 특이성 또는 변화와 필연적으로 만나게 된다. 이때 부모의 아동기 갈등이 나타나고, 그 갈등을 다시 한번 경험하는데, 이런 의미에서 세대간 임무를 전달할 수 있다고 본다. 올라니에Aulagnier(1985, Lebovici가 인용함, 1993)에 의하면 내면의 한 아이에 대한 죽음의 욕망은 이 아이를 자신이 부모가 되어 가지게 될 아이의 살해자로 변형시킨다. 결국 부모의 욕망에 따름으로써 자신의 유년기를 파괴하는 것이다.

2_6 자기 감각

오랫동안 유아는 세상과 단절된 백지 또는 <단순한 소화기관>처럼 간주되었고, 성인과 일방적 관계만 가질 수 있는 것으로 알려졌었다. 보지 못하고 듣지 못하기 때문이다. 최근 이십 년간 다양한 연구를 통해 유아가 일찍부터 여러 능력을 가지고 있다는 것이 밝혀졌다. 생후 4일차부터 유아는 20센티미터 떨어진 곳에 있는 밝은 색의 물체를 식별하며, 눈으로 그 물체를 따라갈 수 있다. 유아는 특히 사람 얼굴에 크게 반응을 보이는데, 이를 <시각적 선호>라고 한다. 출생 시부터 소리를 듣는다는 것을 알 수 있는데, 소리 나는 장소 쪽으로 고개를 돌릴 수 있기 때문이다. 3주차부터 유아는 어머니의 목소리, 모유의 냄새, 어머니의 피부 냄새를 인식한다. 단맛과 짠맛도 구분할 수 있다. 유아는 자신을 둘러싸고 있는 모든 감각과 지각을 테스트한다. 그는 사회적 세계를 사건, 전체, 상반된 경험들로 구분한다. D. 스턴Stern (O. Bourguignon과 M. Bydlowski 참조, 1995)은 생애 첫 몇 주간부터 연결되어 있지는 않지만 분명히 구분되는 경험이 있다고 한다. 유아는 규칙성이 있는 반복적이고 변화하지 않는 요소를 우선적으로 식별한다. 점차 세상을 구축하기 시작하고, 자신에게 세상을 표상하며, 특히 관계와 여섯 가지 <방식[9]>에 따라서 <타인과 함께 존재하는> 방법을 표상하게 된다. 이때 각각의 방식은 <두뇌에 의해서 조정되고, 구성되며, 가공된다>. 유아는 자신의 <방식>을 통합함으로써 <원초 내러티브proto-narrative 막>을 구성하는데, 이때 의식 또는 무의식 차원에서 새로운 속성이 등장한다. 그러나 현재 기억과 연결에 대한 연구는 맥락이 활성화된 표상을 상당 부분 결정한다고 본다.

자기 감각의 발달

유아의 감응성sensoriality과 정서 발달에 대한 연구는 상호주관적이며 상호작용이 이루어지는 유아의 세계에 대한 시선과 이해를 근본적으로 변화시켰다. 프랑스에서 S. 르보비치Lebovici는 유아의 심리학과 정신병리학의 선구자였다. 그는 자신의 저서 『유아, 어머니 그리고 정신분석가Le Nourrisson, sa mère et psychanalyste(1983)』에서 유아의 심리와 정신병리에 대해 언급했다. 한편, D. 스턴Stern의 연구작업은 실험적이자 정신분석학적 차원에서 정신적 표상의 발달에 대하여 여러 연구자들의 관심이

9) 여섯 가지 <방식> (또는 불변 요소)은 사물의 표상 (또는 시각적 이미지 같은 지각적 표상), 언어 표상 (상징, 개념), 감각운동 도식 (행동과 감각), 스크립트 (사건의 순서를 표상하는 능력), 정서 표상, 동기 표상이다. D. 스턴Stern (1995)은 <아동이 다른 사람과 상호 관계에 있을 때마다, 이런 불변 요소가 반복되고, 되돌아오며, 무리를 짓는 것을 본다>고 강조했다.

커져가고 있다는 사실을 잘 보여주었다. 스턴은 유아의 심리 내적 기능에 대한 연구에서 직접 관찰을 통한 발견을 고려해야 한다고 생각했다. 그는 유아가 자기 감각을 자리잡게 함으로써 상호 작용을 하는 가운데 자기를 구축한다고 보았다. 스턴은 대인간 연결의 다양한 측면을 다음과 같이 발전시켰다.

– 신체적 자기 또는 핵심 자기의 의미
– 핵심 대인 연결 영역 (2개월에서 6개월 사이)
– 타인의 자기 (7개월에서 9개월 사이)
– 상호주관적인 대인간 연결 영역, 의식은 포함하지 않으며 언어적 해석도 없지만 주의 집중 대상을 공유함
– 언어적 대인 연결 영역 (15개월에서 18개월 사이), 상징적 사고와 언어 처리 과정의 발달을 동반함

이런 연구 작업의 장점은 유아가 능동적이고 기질을 가진 미리 준비된 존재가 될 수 있도록 하는 기능, 태아 후반기부터 나타나는 특정 정신 운동 기능을 가지고 있다는 것을 보여주었다는 것이다. D. 스턴Stern (1985)은 여러 가지 자기 감각이 지속적으로 구축되며 일생을 통해 변화해가고, 새로운 대인간 연결이 이전 연결을 배제하지 않는다고 한다. 이 이론은 프로이트의 <발달 단계>이론은 물론 피아제Piaget가 말했던 <정신적 구성> 이론과 상반되는 것이다(제3장 2 참조). 스턴의 이론이 가지고 있는 보다 근본적인 차이점은 유아에게 있어서 가장 중요한 주관적 경험은 지각 현실에 의해 이루어지는 것이지 방어기제에 의한 것이

아니라는 것이다. 방어기제는 보다 복합적인 인지 과정과 연결되어 있기 때문에 좀 더 후에 나타나게 된다는 것이다.

네 가지 자기 감각sense of self

다음은 네 가지 자기 감각에 대한 설명이다.

- 초기 자기 감각(출생에서 2개월까지)

  유아는 자신의 자기가 나타나는 것을 느낀다. 학습할 준비가 되어 있으며 사회로부터 오는 자극을 적극적으로 추구한다. 직접 관찰에서 얻은 자기 감각에 대한 이론은 다음 세 이론과 반대된다.

–M. 말러Malher(1967)의 <초기 미분화 상태> 이론에 의하면, 유아는 <초기 자폐기>를 경험한다. D. 스턴Stern(1985)은 이와 반대로 자신과 타인 사이의 <미분화 기간>은 유아가 어느 정도 내적 조직화가 가능하기 때문에 존재하지 않는다고 했다.

–<자극-방어>라는 프로이트의 개념은 생물학적 여과장치가 있다는 것을 전제로 하는데, 이런 장치가 지나치게 높은 감각적 한계를 걸러내는 역할을 하며, 유아는 수동적으로 불쾌하거나, 더 나아가 위험한 것으로 느껴지는 외부 자극을 사라지게 할 수 있다고 보았다. 이와는 반대로 출생 시부터 아기는 능동적으로 자극, 특히 사람이 주는 자극을 찾는다.

–M. 클라인Klein의 모델은 아동의 정신 현상에 대해서 비역사적 개념을 가지고 있다. 이와는 반대로 초기 자기 감각은 0개월에서 2개월 사이에 형성되며, 다양한 자기 감각의 발현은 비연속적으로 이루어진다.

D. 스턴Stern(1985)은 다음 두 가지 핵심 이론을 가지고 <인간의 주관성을 새로 나타나는 유기체들로 구성된 전체 세계의 주관성>으로 인식한다(S. Lebovici, 1990).

– 비양식적 지각은 한 가지 감각 양식으로 전달받은 정보에 의한 지각이 다른 감각 양식으로 전달되는 것이다. 이로써 유아는 <지각 단위> 세계를 느끼게 된다. D. 스턴Stern(1985)은 멜초프Meltzoff와 볼튼Borton의 실험을 인용한다(마르첼리Marcelli 참조, 1982). 이 실험에서는 생후 3주차인 두 유아의 눈을 가리고 각각 서로 다르게 생긴 고무젖꼭지를 빨게 한다. 눈을 가리고 있던 띠를 풀면 유아들은 마치 자신들이 빨았던 젖꼭지를 알아내는 타고난 능력이라도 가지고 있는 것처럼 입 속에 가져갔던 고무젖꼭지를 더 많이 쳐다본다. S. 스턴Stern은 이런 사실이 지각과 시각 사이의 일치를 인식하게 하는 <정보의 양식간 전달>이 진행된다는 것을 증명한다고 보았다. 유아는 자신이 지각한 것과 다른 양식으로 인간의 표현 행동 형태를 전달할 수 있으며, 모든 분야의 경험에서 어떤 특별한 경험을 우위에 놓지 않고도 경험에 대한 추상적 특징을 추출해서 통합할 수 있다.

– 생기 정서[10]는 산재 정서[11]와 반대된다. 유아는 행동을 생기 정서 범주에 속하는 것으로 지각한다. 주변 세계를 일련의 연속체처럼 느끼는데, 연속된 장면은 말로 표현할 수 없는 생생한 과정과 연결되어

10) 생기 정서는 <폭발, 후퇴, 조급함, 또는 자주 정서적 공감의 대상이 되는 그 밖의 것 [⋯] 등과 같은 지각적 특징>으로 구성된 것이다(D. Stern, S. Lebovici와 F. Weil-Halpern, 1989 참조). 이 같은 정서는 관습적으로 인정된 정서와 다르다.

11) 산재 정서는 쾌감과 불쾌감에 대한 정서다.

있어서 특별한 감정을 만들어내는 듯하다. 또한 말할 때 첫 번째 음절을 중요하게 발음하거나 강조하는 것, 또는 이마를 약간 세게 쓰다듬는 것 같은 <유사 촉진 방법>이 있다. 이 두 가지 방법은 어머니가 유아를 진정시킬 때 사용하는 것으로서 리듬, 속도, 지속 시간이 유사하면 감각적 특징이 다르다고 해도 유아는 두 가지 방법을 동일한 것으로 느낄 수 있다.

- 핵심 자기 감각(2개월에서 7개월 가량)

  이 기간에는 자기 자신의 활동 경험, 자기 일관성 경험, 자기 정서성 경험, 자기 영속성 경험을 통합하는 가운데 핵심 자기의 구조화가 이루어진다. 유아는 세상에서 하나의 질서를 찾으려는 경향을 가지고 있으며, 자신의 활동을 통해 변하지 않는 형상을 확인하고 인식한다.

- 주관적 자기 감각(9개월에서 15개월 사이)

  주관적 자기 감각은 정서적 공감 이론과 관련해서 정의되어야 한다. 가장 중요한 질문은 다음과 같은 것이다. 어떻게 해서 유아는 자신이 느끼는 것과 매우 유사한 것을 타인이 느낄 수 있는지 알 수 있는 것일까? 달리 말하자면, 양자관계에서 두 사람 사이의 감정과 정서적 교감이 언어를 사용하지 않고서 어떻게 가능한 것일까? 이것은 일반적으로 모방[12]이라고 하는 외부적 행동을 단순하게 반복하는 것이

12) 모방imitation은 하나의 유기체가 주변환경의 일부분의 형태 또는 속성을 갖게 되는 과정이다. 아동은 성인의 행동을 따라 하면서 흉내 낸다. 동일시 과정에서 대상의 특징은 먼저 내면화된 다음 변형되는데 이를 통해 개인의 고유한 특징이 새로 나타나게 된다. 이것은 진정한 의미의 정신적 과정이다. 동일시는 자아와 성격을 구조화하는 무의식적 과정과 관련된다.

아니다. 점차, 유아는 상호주관성의 상대로 인식된다. D. 스턴Stern(1985)은 어떤 순간 유아가 어머니의 행동과 정신을 특별한 방식으로 이끌어내는 것을 <부모 직관>이라고 하는데, 이런 직관이 정서적 공감으로 인도하는 상호작용의 연속성을 확장하는 데에 도움을 준다.

• 언어적 자기 감각(15개월부터)

대인간 경험의 상당부분은 언어와 상징적 사고가 출현함에 따라서 다른 사람들과 함께 어울릴 수 있게 된다. 언어와 상징적 사고라는 새로운 두 요소는 아동에게 현실을 설명하고 넘어설 수 있도록 하는 강력한 방법을 제공한다. 언어를 통해서 신체적 경험과 단어에 대한 느낌을 읽을 수 있는데, 아동이 실제로 체험한 대인간 경험과 언어적으로 표상된 대인간 경험 사이에 격차가 난다고 해도 큰 차이가 없다. D. 스턴Stern은 이 네 가지 자기 감각이 독립적이며, 처음 세 가지 자기 감각 경험은 언어가 나타난 이후에도 계속 지속된다고 한다.

제3장

발달, 인지장애, 관계장애, 성장애

Developpement et Troubles Cognitifs, Relationnels et Sexuels

192

장애가 발생하는 나이는 장애의 심각성을 평가하는 데 있어서 매우 중요하다. 아동의 증상은 다양하게 나타나며 동시에 자아의 성숙 단계를 보여준다. 그래서 정신의 내적 기능에 대한 접근을 통해 증상의 원인을 규명할 필요가 있다. 일반적으로 지난 이십여 년 동안 매우 큰 진보가 이루어졌는데, 그것은 발달 관련 병리를 더 잘 이해할 수 있게 되었다는 것을 의미한다. 결핍, 또는 아동의 유전적 신체적 사회적 정서적 이상, 아동의 환경으로 인한 과도한 흥분상태와 그런 환경이 아동에게 요구하는 관계적 정신적 체계에 대한 보호기능의 불충분함, 가족 환경이 물질적 사회적 정서적으로 결핍되어 있어서 양적 질적 시간적으로 부적절함, <아동에게서 다른 기능을 희생하면서 여타 기능이나 적성을 조장하거나 불리하게 만드는 부모의 태도>가 가지고 있는 부조화 등과 같이 발달 관련 병리는 여러 원인과 관련되어 있을 수 있다(M. Losson, 1988 ; R. Cloutier와 A. Renaud, 1990).

정상적 발달은 점진적 진전으로 이루어지며, 병리적 장애는 외상 이후 퇴행-고착적인 움직임에 의해서 나타난다.

정신운동성, 언어, 지능, 정서성, 가족 시스템 속에서 아동에게 주어진 관계 네트워크 등이 복잡하게 얽혀있다는 것을 알고 있으면 장애를 이해하는 데에 크게 도움이 된다. 따라서 임상적 연구를 할 때 관찰대상에게 영향을 준 것을 이해하기 위해 감각 지각 요소를 개별적으로 분리하지 않아야 한다.(초기 정서 결핍의 경우 운동성 발달이 지체된다는 것을 예로 들 수 있다.)

임상실무에서 심리 상담자는 관계 차원에서 주관적 특징이 드러날 수 있도록 하는 것을 목표로 삼는다. 심리 상담자는 고통 받는 개인과 가족에게 도움을 주며, 모든 존재의 독자적 특성[1)]을 고려한다. 연결과 정신의 통합 작업을 실시하는 이유는 심리 검사에서 관찰된 다원적 요인을 일관성 있게 다시 자리잡고 배치시켜 재구성하기 위한 것이다. 이런 요인은 개인사, 가족사, 세대간 이야기의 범위 내에서 발견한 내용을 보완하며 의미를 부여한다.

1) 모든 임상 사례는 유일한 것이지만 일반적인 몇 가지 법칙을 이끌어내는 것이 가능하다는 점에 유의해야 한다. 프로이트는 <쥐인간>이라고 명명한 단 한 사람의 환자에게서 얻은 내용으로부터 강박 신경증에 대한 메타 심리학적 요소들을 발전시켰다. 또한 임상 실무 방법은 변증법적이라는 점에도 유의해야 하는데, 서로 상반되는 내용의 대립에서 출발해서 의문을 제기하고 종합 이론을 만들게 된다.

1. 지각과 감각

1_1 발달

지각과 인지 활동은 서로 긴밀하게 연결되어 있기 때문에 분리하기 어렵다.

그렇지만 최근 몇십 년간, 유아의 능력에 대한 연구는 유아가 초기부터 대상을 인식할 수 있으며, 자신이 느끼는 것은 물론 자신이 받은 반응까지 해석할 수 있다는 것을 보여주었다. 최신의 보다 정교한 관찰 방법의 발달로 인해서 유아가 감각, 지각, 운동 차원에서 어떻게 생활하는지 더욱 잘 알 수 있게 되었다. 실험 과정과 일반화된 단위를 사용하는 객관적인 연구는 유아의 지각, 감각 분야에서 새로운 지식을 가져다 주었다. 유아의 기본적 기능 또는 반응 방식으로부터 여러 연구자는 유아의 지각 작용을 파악할 수 있게 되었다. 예를 들어 빨기의 리듬 또는 강도는 유아가 어떤 종류의 자극을 선호하는지 알려준다. 빨기는 의사소통 방법이 되며, 호흡리듬, 심장박동, 눈동자 움직임 등의 빈도도 방법이 된다.

시각적 지각

시각은 아기의 정신적 발달을 위한 기본 기능이다. 출생 이후, 영아는 빛에 민감하며 며칠이 지나면 사물을 눈으로 따라갈 수 있다. 2주차부터 영아의 적응 능력은 성인의 1/3에 달한다(영아의 시각 활동은 성인보다 30배 적다). 5개월까지 빠른 발달을 보인다. 그런 다음 시각 기능의 발달은 늦추어진다. 4개월 무렵, 유아는 어른과 마찬가지로 동일 계열의 색을 지각하고 구분한다[2]. 시각의 정확도는 떨어지지만 3미터 거리에 있는 사물과 사람을 구분하며 빠른 시간 안에 어느 정도 복잡한 패턴(제2장 초기 상호작용 참조)을 구분한다.

• 사람 얼굴 선호

유아는 곡선과 대칭을 이루는 패턴을 선호하는데, 이로 인해서 다른 자극보다 사람 얼굴에 가장 많이 끌린다. 이 현상은 출생 시부터 확인할 수 있다. 생후 15일이 되면 유사한 문양의 패턴보다 사람 얼굴을 더 좋아하며, 3개월이 되면 어떤 자극에도 동일하게 눈으로 따라간다.

• 기본적인 시각 능력

생후 3일차에 영아는 원, 십자, 삼각형, 사각형같이 다양한 기하학적 형태를 구분할 수 있으며, 처음 보는 각이 있는 형태를 더 좋아한다. 한편, 붙잡기 능력을 얻기 전에 이미 깊이를 지각할 수 있는 것처럼

---

2) 이런 관찰은 매우 중요한데, 색을 특정 범주로 나눌 수 있도록 하는 것은 감각 장치이며 언어가 아니라는 것을 보여준다.

보인다. E. J. 깁슨Gibson과 R. D. 워커Walk (P. Mazet S. Stoleru, 1988 참조)가 만든 <시각 벼랑> 실험에서는 유아를 체크 무늬가 그려진 천으로 덮은 장치에 데려다 놓는다. 이 장치의 일부를 1.5미터 정도 높게 만들고 높이가 다른 부분에는 유리판을 달아 놓는다. 높은 부분에 놓여진 유아는 반대쪽 끝에 어머니가 서있는 것을 보게 되고 어머니는 유아가 자기가 있는 곳까지 기어오도록 유도한다. 이 실험을 통해서, 상당히 어린 유아가 깊이를 지각할 수 있다는 것을 알 수 있는데, 2개월 된 유아를 투명한 유리가 있는 부분에 놓으면 심장 박동이 빨라지는 것을 보게 된다. 출생 직후부터 유아는 형태, 방향, 각진 형상 같은 정교한 지각에 민감하다. 3차원적인 입체와 형태, 크기의 지속성도 지각한다.

청각적 지각

저주파에서 유아의 청각 한계는 성인과 유사하다. 고주파(20데시벨)에서는 성인보다 높다. 청각 한계는 8개월쯤 되었을 때 성인과 동일하게 조정된다. 영아는 훌륭한 청각적 식별능력을 가지고 있다. 그러나 소리 나는 장소를 알아차리는 능력의 발달은 시간이 걸리는데, 20개월이 되어야 성인과 비슷해진다. 출생 시 영아는 몇 가지 모음을 구분할 수 있고, 2개월이 되면 <모음 불변 인식> 능력을 보이는데, 어떤 모음을 여러 사람이 말한다고 해도 동일한 모음이라는 점을 인식한다. 생후 3일인 영아는 어머니의 목소리 듣는 것을 특히 좋아하는데, 어머니가 말하는 것을 듣기 위해서 빨기 리듬까지 바꿀 수 있다. 어머니의 목소리를 좋아하는 것은 태아 상태에서 학습했기 때문일 것이다. 사례를 인용하면 출산을 몇 주 앞둔 어머니 여러 명에게 이야기 하나를 규칙적으로

소리 내어 읽을 것을 요청했다. 아기가 태어나자 익숙하지 않은 다른 이야기보다 그 이야기를 더 좋아하는 것을 관찰할 수 있었다(어머니가 아닌 다른 사람이 읽어도 마찬가지였음). 한편, 아버지의 목소리는 출생 시부터 분명하게 선호된다고 할 수 없는데, 2주가 지나야 식별이 가능하다. 또 출생 시부터 영아는 <어른에게 말하기> 운율보다 끝이 올라가는 <아기에게 말하기> 운율을 더 좋아하는 것으로 밝혀졌다. 운율이 가진 멜로디의 굴곡은 첫 번째 어른-유아의 구술 커뮤니케이션 방식이 된다.

미각과 후각

출생 시부터 유아는 단맛, 짠맛, 쓴맛, 신맛을 구분할 수 있으며 더 선호하는 맛도 가지고 있다(일반적으로 단맛).

후각은 처음부터 가장 발달된 감각 중 하나다. 유아는 바나나 버터 냄새에는 쾌감을 표시하는 표정을 지으며, 생선 냄새에는 거부감을, 상한 달걀 냄새에는 싫은 표정을 짓는다. 유아는 다른 아이의 어머니보다 자기 어머니의 모유 냄새를 더 좋아한다. 이것은 일반적인 모유 감수성과 관련된 것이 아니라 특정 감수성과 관련되어 있음을 말해준다.

촉각

입은 유아에게 매우 민감한 부분이다. 사물과 주변 세상을 탐색하는 수단이 된다. D. 앙지외Anzieu(1985)는 유아와 어머니 사이의 <피부 대 피부> 접촉의 중요한 실제적, 환상적 역할을 밝혀냈다.

감각 전이

특정 발달 시기에 감각 지각 중 하나를 다른 지각으로 해석하는 아기의 능력은 가장 중요하다. 이것을 <감각 전이>라고 부른다.

감각 전이가 일어나려면 <비양식적 성격>과 <상호적 양식>이 필요하다. <비양식적> 지각은 하나의 감각에서 받은 정보에 의한 지각이 다른 양식으로 해석되는 것을 의미하며, <상호적 양식>은 하나의 감각 양식에서 다른 양식으로 전이할 수 있는 아동의 능력을 말한다.

멜초프Meltzoff와 볼튼Borton의 실험으로 이 이론을 더욱 잘 설명할 수 있다(마르첼리Marcelli 참조, 1982). 두 사람은 생후 1개월 된 60여명의 유아에게 부드러운 고무 젖꼭지나 작은 돌기가 있는 고무 젖꼭지를 빨게 했다. 그런 다음 유아들에게 고무 젖꼭지를 보여주었다. 70%의 유아가 직접 빨았던 것을 더 오랫동안 쳐다보았다. 이 유아들은 눈으로 본 대상과 입으로 빨았던 대상이 같은 것이며 두 가지 대상이 아니고 더 나아가 동일 대상의 두 가지 측면이 아니라는 것을 잘 이해하고 있었다. 또한, 유아의 감각 지각이 환경 속에 들어있는 정보를 수동적으로 단순하게 기록한다고 인식하지 않게 되었다. 오히려 유아는 능동적으로 자극을 찾기 때문이다. 유아는 분리된 감각 세계 속에 살지 않는다. 유아의 시각, 촉각, 청각, 후각, 미각 등과 관련된 여러 지각은 일관성을 갖는다(R. 레퀴에Lécuyer, 1989).

이후 A. 스트레리Streri의 연구와 A. 스트레리·M. G. 페쉐Pêcheux 두 사람의 공동 연구(R. Lécuyer, 1989 참조)를 통해서, 유아가 시각적 대상에서 정보를 추출할 뿐만 아니라 자신의 손 움직임에 대해 최소한의 통제력을 행사한다는 사실이 밝혀졌다. 생후 2개월이 되면 유아는 촉각-시각 전이를 시작하지만 시각-촉각 방향으로는 전이가 아직 시작되지 않는다. 5개월이 되면 반대 현상이 일어난다. 이처럼 양식간 전이의 발전에서 차이를 보이는 것은 감각 양식의 발달 속도에 차이가 나기 때문이라고 설명할 수 있다. 그뿐 아니라 손의 지각 능력과 탐색 능력 속에 들어있는 운동성 간섭도 덧붙일 수 있다. 그러므로 초기 비양식성 심리적 기반이 분명하게 존재하는 것으로 보인다. 이처럼 시각적으로 지각한 물체와의 거리와 그 크기에 따라서 행동을 크게 하거나 손을 크게 벌리는 것은 자극(시각 채널을 통해서)과 신체(자기 수용성 채널을 통해서)로부터 오는 정보를 동시에 사용하도록 한다. 따라서 서로 다른 양식에서 전해지는 정보들이 매우 빨리 관계를 맺게 되므로 여러 도식의 구성 과정, 결집 과정이 단축될 수 있다.

유아의 지각, 지식, 정서 영역에는 몇 가지 원칙이 있다. 유아는 분명한 생득적 경향, 즉 자신이 찾는 감각에 대한 선호도라고 할 수 있는 것을 가지고 있다. 유아는 출생 시부터 자신을 둘러싸고 벌어지는 일에 대한 가설을 시험하며, 이를 통해 세상을 어느 정도 쾌적한 사건들의 집합으로 분류하게 된다.

1_2 장애

가장 많이 연구된 감각은 시각과 청각이다. 여러 연구를 통해 유아는 자신이 느낀 것을 해석하는 능력은 물론 자신을 둘러싼 환경에서 받은 반응도 해석할 수 있다는 것이 밝혀졌다.

시각과 청각은 세상과 만나고 소통하는 강력한 수단이 된다. 시각과 청각에 의해, 그리고 시각과 청각으로부터 정신적 삶이 나타나기 시작한다. 따라서 이 감각들이 손상될 경우, 아동의 발달을 저해하고 장애에까지 이를 수 있다. 두뇌에 손상을 입은 아동은 손상의 정도가 극미하다고 해도 주변환경을 혼란스럽고 결핍된 방식으로 지각하기 때문에 불리하다. 한편 실질적으로 감각에 손상이 있는 경우(예: 실명, 청각 장애)를 그런 손상이 있을 때 상호작용 차원에서의 심리적 결과와 구분하는 것이 중요하다. 손상 유형은 감각 장애가 가지고 있는 특징적 어려움에 따라서 달라진다. 그러나 손상의 유형이 어떤 것이든 공통 요인을 찾을 수 있으며, 장애 상황에 의해 유발된 결과에 더욱 많은 영향을 받는다.

출생 직후부터 영아는 여러 상태를 유지하고 여러 대상과 상호작용을 하는 데 도움을 주는 시각적 능력을 가지고 있다. 유아의 시선은 어머니에게 매우 중요한 영향을 미치며, 감사함과 소중함을 느끼는 것처럼 보인다. 어머니의 시선 역시 자신의 얼굴에 유아가 시선을 고정시킬 가능성을 증가시킨다. S. 르보비치Lebovici(1983)는 어머니와 유아가 서로 바라봄으로써 어머니의 자기self와 분명하게 구분되는 유아의 자기 구성을 돕는다는 것을 밝혔다. 여기에 여러 다양한 정서 상태도 포함될 수 있을 것이다. 울음과 눈물은 첫 번째 언어가 되며 우선적 커뮤니케이션 방식을 구성한다.

시각적 상호작용은 어머니와 유아 사이의 정서적 공감을 돕는다(제2장 <정서적 상호작용> 참조). 시각 장애를 가지고 있는 유아는 생후 반년 동안 별로 목소리를 내지 않는다. 소리 내어 말하는 대화에 참여할 수는 있지만 자발적으로 대화를 시작하는 경우는 매우 드물다. 수많은 연구작업을 통해 시선 대 시선 접촉이 중요하다는 사실이 밝혀졌다. 시각적 경계 도중 어머니와 유아가 서로 시선을 고정하거나 눈으로 상대방을 따라가는 것은 영아의 행동 중에서 가장 발전한 모습의 행동이다. S. 프라이버그Fraiberg와 프리먼D.A. Freeman(1964 ; S. Lebovici와 F. Weil-Halpern, 1989 참조)은 시각적 장애가 상호작용의 발전과 아동의 발달에 미치는 영향에 대해서 연구했는데, 시각 기능이 자기self를 구성하는 요소라고 분명하게 밝혔다. 이들은 관찰을 통해 유아가 선천적으로 시각장애가 있어서 촉각만을 사용할 경우 실명은 유아와 어머니 사이의 커뮤니케이션을 가로막는 장애물이 된다고 단언했다. 시각 장애가 있는 유아는 촉각을 통해 대상을 지각하지 못하면 대상을 인식하지 못하며 이와 마찬가지로 자신이 느낄 수 있는 지각 너머에 있는 사람의 존재에 대해 아무런 감정을 느낄 수 없다. 이렇게 해서 어머니-유아 양자 간의 상호 기능장애 중 하나를 연구할 수 있었으며, 이 연구에서는 눈으로 의사를 소통할 수 없는 유아에 대한 소외감을 극복하지 못하는 어머니는 유아와의 교류가 매우 부족하게 된다는 점이 강조되었다. 시각장애를 가진 유아의 어머니는 유아가 반응을 보이지 않는다는 점과 수동성에 대해 하소연했고, 이런 유아가 시각을 가진 유아만큼 신체적 표현력을 가지고 있다고 해도 어머니의 시선에 대한 응답으로 다양한 얼굴 표정을 보이지 못하기 때문에 대부분의 경우 정서 부재로 해석된다.

수많은 연구를 통해 정서적 대화를 구축하는 데에 있어서 시각 채널이 얼마나 중요한지 잘 알게 되었다. 그로 인해 적어도 25% 가량의 맹인 유아가 자폐 증후군을 보이는 현상을 이해할 수 있게 되었다. 자폐 아동은 멀리 떨어진 거리에 있는 사람을 바라볼 수 있다. 그런데 이들에게 있어서 시각적 접촉은 촉각-내적 근육운동 접촉보다 훨씬 고통

스럽다. 자폐아에게서 시선 회피는 과도한 정서적 긴장으로부터 보호하는 역할을 하며, 이것은 시선 대 시선 접촉에 정서-감정을 움직이는 힘이 있다는 사실을 의미한다.

시각적으로 과도하게 집중하는 것은 병리적일 수 있다. 이 경우, 어머니의 우울증이 가장 대표적인 이유라고 할 수 있을 것이다. R. 스피츠Spitz(1958)는 관찰자의 얼굴에 움직임이 없으면 유아에게서 미소가 사라지고 결국 울음을 터뜨린다는 것을 밝혀냈다. 그는 우울증에 걸린 어머니의 <무기력한> 얼굴이 유아에게 주는 효과를 관찰했다. 실제로 어머니 얼굴의 <생동감>은 아동에게 활기차고 안전한 내적 느낌을 갖게 한다. 반대로 아동의 <무기력함>은 혼란을 만들어내는 허무감, 결핍감을 이끌어낸다.

신체적으로 유아를 충분히 보살피고 있으며 충분한 사랑을 주는 어머니가 돌보는 정상적인 관계에서, 유아는 시선 교환을 통해서 자신의 존재감과 현존에 대한 감각을 일찍 얻게 된다. 상호간에 시선 교환이 없으면 불안감, 불편함, <비존재감>을 느끼게 되고, 이런 감정은 유아가 어머니의 외적 모습에 대해 방어적이고 선택적인 모습을 보이도록 한다.

지나치게 민감한 영아는 부모를 자극하고, 그렇게 되면 부모 역시 반감을 보이게 된다. 유아가 조산일 경우, 과도한 감각 자극은 외상적 특징을 가지고 있어서 유아로 하여금 방어 시스템을 사용하도록 하며, 더 나아가 스스로를 벌하도록 한다(예: 장난감 회피 행동). 유아에게 자극이 자주 과도하게 주어질 경우, <유아의 치유를 돕고 신경 시스템의 최종 상태에 영향을 미칠 수 있도록 특정한 감각적 욕구에 따라 자극을 점진

적으로 조절할 줄 알아야 한다>(T.B. Brazelton ; S. Lebovici와 F. Weil-Halpern, 1989 참조).

청각 장애의 경우, 어머니-유아 사이의 상호작용에 특징적인 변화는 관찰되지 않았다. 상호작용에 관한 장애는 귀가 들리는 어머니와 청각 장애가 있는 유아 양자 사이에서 발생하지만, 청각 장애가 있는 가족 내에서 상호작용 발달은 두 사람 모두 청각장애가 없는 어머니와 유아 사이에서 일어나는 발달과정과 유사하다. 아동은 청각적 결함이 있다고 해도 자신, 어머니, 사물, 현존하지 않는 사건에 대해 대화를 나눌 수 있는 능력을 가지고 있다. 이런 사실은 청각 장애인 가족도 두 사람 사이의 정서적 공감이 가능하며 청각 이외의 다른 채널을 통해서 그런 공감이 일어난다는 것을 보여준다 (S. Lebovici와 F. Weil-Halpern, 1989 참조).

2. 인지 기능과 지적 기능

2_1 발달

적응과 조직

심리학자이자 생물학자인 J. 피아제Piaget(1976)의 작업을 통해 인지 기능과 지적 기능에 대한 이해에 큰 발전이 이루어졌다. 피아제는 운동 활동이 지능을 만들어내며, 일반적으로 지능 발달에 참여한다고 보았다. <인지적 표상>이라는 말은 광의로는 사고, 협의로는 실제에 관한 표상에 사용되는 일종의 이미지화된 기억이라는 두 가지 내용을 가리킨다(과거 사건 또는 현재 부재중인 사물).

이 이론에서는 적응[3)]과 조직[4)]이 두 가지 핵심 개념이다. 피아제는 개인의 내적 구성과 환경의 특징 사이에 상호의존성이 있다고 보았다. 그는 생물학적 구성 모델로부터 정신적 구성모델을 이끌어냈으며, 유기체의 활동 구조를 <도식schema>이라고 불렀다. <지능>은 <지연모방>이 일어나면서부터 가능하다. 그러므로 <지연모방>은 표상 구축

---

3) 적응adaptation은 유기체가 자신의 외부에 있는 요소를 동화하고, 그 요소를 통합하기 위해 변화시키며, 조절하는 과정이다. 그러므로 동화와 조절은 두 가지 적응 메커니즘이다.

4) 지능의 발달 과정(감각운동기, 전조작기, 구체적 조작기, 형식적 조작기)은 특정 조직organization(또는 구조structure) 단계에 해당하며, 그 안에서 각각 균형을 획득하게 된다. 이러한 구조는 행동을 조직한다.

과정에서 매우 중요한 역할을 한다.

피아제는 발달을 네 단계로 구분한다. 지연모방, 상징적 놀이, 정신적 이미지는 2세에서 9세 사이에 나타난다. 이 기간 동안 활동이 내면화되고 이어서 사고의 <가역성>이 나타난다.

– 감각적 운동기 : 아기의 사고는 운동 기능으로 나타난다.
– 전조작기(8세에서 9세까지) : 아동은 행동에서 자신을 분리하지 않는다. 흉내내기 같은 상징적 놀이를 통해 적응하고 세상에 대한 지식을 얻으며 흉내를 통해 변화를 일으킨다. 따라서 아기는 자신이 획득한 감각운동성을 표상 차원에서 재구상하게 된다. <지연모방>이 감각운동에서 표상으로의 전환점이 된다. 지연모방은 아직까지 사유로 표상되지 않은 것을 미리 표상한다. 활동은 기억 속에 간직되어 있는 내용의 토대를 구성한다. B. 지벨로Gibello (1984)는 이 이론을 발전시켜서 흉내 내기, 즉 아동이 어른을 흉내 내고 어른이 아동을 흉내 내는 반복적 놀이가 학습방식 습득에 매우 중요한 역할을 한다고 했다. 피아제는 여러 단계, 즉 감각운동성과 표상 사이에 연속성이 있다고 보았다. 이 이론은 유아의 학습을 설명해주는 주조 이론이 되었다. 유아가 얻게 되는 지식은 특히 유아가 주변에 실행하는 행동과 자신의 행동으로 인해서 변화가 일어났다는 확증으로부터 얻어진다. 시각과 붙잡는 기능이 서로 협력해야 비로소 눈이 손에 명령을 내리고 자신의 명령으로 인한 결과를 확인할 수 있다. 이 단계에서부터 비로소 <지능>에 대해서 말할 수 있게 된다. 그 이전에는 유아가 비지능적인 세계에 살고 있는데, 유아의 다양한 감각 양태로부터 오는 정보가 서로

관계를 맺을 수 없기 때문이다.

– 세 번째 단계는 구체적 조작기라고 하는데, 아동은 추론을 하기 위해 행동으로부터 벗어나게 된다. 이전 단계에서 발달에 어려움이 있을 경우, 아동은 정상적으로 구체적 조작 단계에 진입하지 못하며, 좀 더 후에는 상징화를 하지 못하고, 그의 행동은 여전히 다루기와 연결된다.

– 마지막은 형식적 조작기인데, 이때 아동은 실제적인 대상 또는 상황으로부터 벗어나서 가설, 언어적 발화, 제안 등에 의지할 수 있게 된다. 가설연역적인 방식으로 추론하며, 앞으로 얻게 될 조작기능을 조직하고, 가능한 것과 더 이상 사실이 아닌 것을 구분할 수 있다.

이렇게 해서 피아제가 인지 기능 발달을 어떻게 전개했는지 살펴보았다. 그 과정을 다음과 같이 요약할 수 있을 것이다.

– 감각운동 단계는 언어가 나타나기 이전에 나타난다.

– 전조작기는 직관적이다 : 아동은 무비판적으로 감각적 인상과 그에 동반되는 환상을 받아들인다.

– 그런 다음 구체적 조작 단계는 사고의 가역성에 접근할 수 있도록 하는데, 이를 통해 정신적으로 두 개의 서로 다른 조작 활동을 실시할 수 있다. 사고의 가역성은 일련의 사태에서 최초의 조작으로 되돌아올 수 있는 가능성을 연다.

– 마지막으로 형태적 조작 단계는 새로운 명제를 만들어내기 위해 추상적 명제들을 결합하는 데에 도움을 준다.

그러므로 피아제의 연구 방법을 통해서 아동이 제안하는 해결 방식 유형을 결정하는 정신적 시스템이 어떻게 구성되어 있는지 알 수 있다. 그러나 지식에 대한 피아제의 도식은 상당 부분 지난 이십여 년간 이루어진 발견을 통해서 보완되었다. H. 왈른Wallon, Y. 하트웰Hatwell, R. 케이스Case 등은 단계 이론에 대해 새로운 이론을 만들어냈다(B. Gibello, 1995 참조). 한편, R. 레퀴에르Lécuyer (1989, 1996)는 지능이 무엇보다도 지각적이며(대략 3개월 무렵부터 아기는 범주화가 가능함), 사회적(아기는 사람들과 상호작용 속에서 이런 정보의 중요한 부분을 얻음)이라고 생각했다. 이 이론이 피아제의 이론을 반박하게 된다는 점을 주목할 필요가 있다.

지능의 개념*

지능의 개념 정의에 있어서 선천적인 것으로 보는 사람과 후천적인 것으로 보는 사람 사이에 오랫동안 논쟁이 있어왔지만, 일반적인 용어로 이 개념이 무엇을 의미하는지 설명할 수 있다.

지능은 창의력, 학습, 놀이, 사고, 사회적 기술 같은 다양한 인간의 활동으로 구분된다. 지능이 환경에 적응하도록 하는 기본적 정신과정이며 추상적 사고를 발전시키는 것에 해당한다고 말할 수도 있을 것이다. 지능은 추론, 문제 해결능력, 결정능력, 메타인지(사고에 대한 사고), 계획, 정보의 해독, 주의력 등을 사용한다. 지능은 새롭고 변화하는 상황에 적응할 수 있도록 하는 효과적인 전략을 통합하는 행동으로 특징지어진다. 또한 지능은 상징을 조작하는 능력, 가능한 여러 선택 가능성

* 지능을 하나의 일반적 심적 능력으로 보는 것을 지지하는 입장과 반대하는 입장이 있다. –감수자 주

의 결과를 측정할 수 있는 능력, 지식을 외부 세계를 향해 사용하고 일반화시킬 수 있는 능력 같은 기술을 망라한다.

따라서 인지기능과 지적기능은 두 가지 기본적 심리 차원에 해당한다. 정신적 삶의 큰 부분이 이런 기능에 의지한다. 물리적이고 사회적 세상을 지각하는 방식, 경험한 사건을 해석하는 방식, 앞으로 있을 경험을 구조화하는 방식, 스스로 자신을 지각하는 방식 등은 모두 인지기능과 지적기능의 발전에 따른다. 또한 지속적으로 병리를 살펴보면 위 두 기능의 질이 초기 가족 관계의 질에 따라 달라진다는 것을 관찰할 수 있다.

일반적으로 생각, 기억, 자신과 타인에 대한 계획을 생각하고 전달하는 일과 발생하는 여러 사건들의 의미를 이해하는 일은 삶을 조직하고, 이끌며, 결정을 내리고 책임을 지는 능력과 관련된다. 인지 발달이 정상적이지 않다고 해도 인지 시스템이야말로 절대로 퇴행하지 않는 유일한 시스템이다(정서 조직화와는 반대임). 인지 발달은 학교와 사회적 학습의 바탕이 되며 아동 인격의 전체적인 변화와 직접적인 경험에 연결되어 있는 의미에 심대한 영향을 미친다. 초기 가족 관계 역시 정신적 발달과 심리사회적 발달 과정에 상당히 큰 영향을 준다.

인지적 처리

지난 몇십 년 동안, 정신적 사회적 경험에 의해 촉발된 변화 속에서 인지적 처리의 역할은 소아 아동기 심리학 연구자들의 관심을 끌었다. 최근 몇 년간 인지 기능 이론은 특별히 컴퓨터 처리과정과 비교되면서 발전하기에 이르렀다. 해결해야 할 문제가 있을 때 개인이 정보를 이해하고, 상상하며, 처리하는 방식을 파악하는 것과 관련이 있다. 아동의 기억 처리과정은 인지 장치의 발달과 동시에 발달한다. 일정한 정밀한 단계에서 이런 저런 기능이 발달한다. 일반적으로 아동이 점점 발달할수록 더 많은 양의 정보를 처리하고 정신 활동을 더욱 잘 제어하며 더욱 효율적으로 정보를 선별하고 보다 복잡한 전략을 채택한다. 인지적 처리의 역할만으로는 병리를 설명하기에 충분하지 못하지만 이것은 매우 중요한 역할을 한다.

M. 러터Rutter (C. Chiland J.C. Young, 1990 참조)는 인지적 처리과정과 인지적 결함이 서로 밀접하게 얽혀있다고 보았다. 어떤 시기에 일어난 사건은 이후에 오게 되는 여러 시기에 영향을 미칠 가능성이 있다. 최근 연구작업을 살펴보면 임상적 관점과 발달적 관점을 결합하는 네 가지 분야가 등장한다.

–<자기 시스템self-system> : 자신, 환경에 대한 관계와 상호작용 전체를 말하며 신념체계를 구성한다. 이 이론은 특히 발달론자들이 주장하는 것이다. <자기 시스템>은 자아 존중감, 효율성, 통제위치 같은 특성을 조정하는 역할을 한다. 우리는 타인의 평판만큼이나 우리가 타인을 지각하는 대로 반응한다. 이것은 <지각 표상>에 대한 반응이지 단순히 즉각적인 행동에 대한 반응이 아니다. 예를 들어, 성별을 알아보기 어렵게 옷을 입은 아동, 또는 생물학적 성과 정반대되는 이름을 붙인 아동을 보면 대개 부정적인 반응을 보이게 될 것이다. 이와 마찬가지로 과거에 행동이 공격적이라고 알려진 사람을 대면할 때, 비록 현재 사회에 적응을 잘하고 유순하게 행동한다고 해도 부정적인 반

응을 보이게 될 것이다.

–<애착> : 현재 많은 아동심리학자가 아동의 인지 능력이 삶의 다양한 경험이 주는 영향에 대한 감수성을 조절하는 데에 크게 영향을 준다고 강조하고 있다. 예를 들어 아주 어린 아기는 부모와 분리되는 것에 영향을 적게 받는데 지속적으로 선택적 애착을 구성하는 능력이 아직 발달하지 않아서다. 한편, 조금 더 큰 아동은 부재 기간 동안에도 관계를 유지하는 능력을 획득하고 있기 때문에 분리로 인한 부정적 효과에 덜 취약하다 (제3장 3 참조).

–<인지적 해석> : 아주 어린 아동기에 경험한 것은 심리적인 후유증을 유발하는 경우가 드문데 아기에게 경험을 처리하는 능력이 제한되어 있기 때문이다. 더 나아가 J. 보울비 Bowlby (1969, 1973, 1980)는 아동기에 부모 중 한 사람과 사별하게 되면 전체적 인지과정이 부정적으로 형성되고, 취약함이나 후에 또 다른 사별이 있을 경우 우울증에 의해 반응하는 경향을 보이게 된다. 그러므로 자기 존중감과 사별로 인한 자기 효율성 감정의 지속적 손상이 직접적 고통보다 더 결정적인 것이 된다. 실제로, 인격 발달은 우리가 의식할 수 없는 정신 내적 처리과정의 개입에 영향을 받는다. 심리사회적 경험은 아동의 정신 발달에 중대한 효과를 발휘한다. 아동의 인지 능력이 점점 커 가면서 삶의 다양한 경험을 지각하고 반응할 수 있도록 한다. 예를 들어, 어린 유아가 유아의 특징이라고 할 수 있는 분리불안과 낯선 사람에 대한 두려움을 표시하지 않는 것은 사람들이 서로 다르다는 점을 인식하고, 여러 도식을 능동적 기억 속에 저장하고 과거를 기억하는 데 필요한 인지적 능력이 충분하지 못하기 때문이다. 생후 1년이 지날 무렵에 나

타나는 예측 능력은 숨바꼭질 놀이처럼 유쾌한 감정이나 과거 경험과 관련해서 예측된 두려움 때문에 갖게 되는 불유쾌한 감정에서 매우 중요한 역할을 한다. 더 나아가 여러 인지 요인은 경험의 <현저성 salience>에 영향을 준다. 3세 아동에게 어떤 물건이 깨지기 쉽다는 것을 강조하면 그 대상을 더 이상 만지지 않지만, 그 물건이 누구의 것이라는 말에는 비교적 무관심한 반응을 보인다. 반대로, 5세 아동은 물건이 다른 사람의 소유라고 말하는 것에 반응을 보인다. 한편, 유아가 갖는 두려움에서 그다지 중요한 역할을 하지 않는 상상력은 이와 반대로 연령이 더 높은 아동이 느끼는 두려움에서 보다 주요한 역할을 한다. 더욱이 도덕 관념과 외부적 통제 개념 역시 외부의 압력에 대한 아동의 반응에 영향을 준다. 예를 들어 자발적으로 어떤 행동을 해서 보상을 받은 아동은 그런 행동에 대한 자연스런 관심을 버리는 경향이 더 크다. 반대로, 제제를 가하게 되면 교란시키는 행동을 줄이도록 하는 경향이 있지만 정당하지 못한 강력한 처벌은 그런 행동을 증가시키게 될 수 있으며 그 이유는 유감스런 느낌이 지배적이기 때문이다.

–<정신적 장애> : 여러 인지 작용은 정신 장애의 발생과 연장, 특히 자신과 현재 미래의 상황에 대한 부정적 관점으로 특징지어지는 인지 상태, 극도로 불쾌감을 주는 단순한 상태는 아닌 그런 상태인 우울증에서 중요한 부분이 된다. 우울증을 가진 주체가 자신에게 일어나는 일에 대해 무기력하다는 확신은 우울증을 <직면하고>, 우울증의 상태를 끝낼 수 있을 행동을 가로막는다. 우울한 기분은 비정상적인 기분을 동반하는 정신적 처리과정에 의해서 연장된다.

위에서 살펴본 것처럼, 인지는 정신적 장애의 발생과 연장에 매우 중요한 요소가 된다. 그런 장애가 어떤 형태로 나타나는지 보다 자세하게 살펴보도록 할 것이다.

2_2 장애

사고 과정이 아동 발달과 정신적 장애에 하나의 역할을 담당한다는 사실은 오래 전부터 모든 정신병리학자들이 강조했으며 발달시켜왔다. 그러나 임상학자는 <사고>라고 부르고, 발달론자는 <인지>라고 하는 과정의 역할을 개념화하는 방식에 매우 중요한 변화가 일어났다.

우선 발달주의 심리학 이론을 살펴보도록 하자. 발달 심리학에서는 <인지>를 우리가 환경과 갖는 관계에 작용하는 정신적 활동 전체라고 정의한다. 달리 말해서, 자극의 지각, 그런 지각의 기억화, 회상, 문제해결 또는 결정 등을 말한다(C. Fortin와 R. Rousseau, 1989). 그러나 정신적 과정을 해체함으로써 처리 단계로 정의되었던 것은 (인공지능의 조절 모델에 의하면) 실제의 특정 표상만을 고려한 것이다. 실제로 일반 정신병리학, 특히 학습에 대한 정신병리학의 임상은 관찰대상에 의한 정보 처리과정에서, 예를 들면 환상적 성격의 활동이 복잡하게 나타나서 관찰대상에게 영향을 주고, 붙어있으며, 방해한다는 것을 우리에게 알려준다(B. Gibello, 1984 ; M.-L. Verdier-Gibello, 1985, 1987). 관찰대상이 문제의 인지 조작에 대해 <환상을 품는다>는 것은 매우 특별한 성격의 정신적 작업이 전개된다는 것을 전제로 한다. 그때 표상의 형태로 내면화[5)]가 일어나게 된다(S. Lebovici, 1990).

이제부터 살펴보게 될 정신분석적 이론은 이런 표상을 동일시적 투사와 불안에 의해 매개된 투사적 동일시의 결과라고 본다. 대상관계는 방어적 조작이 끊임없이 진행되면서 구축된다.

그러므로 <인지에 대한 정신분석학적 정신병리학>이라고 부를 수 있는 실질적 방법론은 지각된 대상과 리비도가 투여된 대상이 연결되는 장소다. 이 이론은 표상의 대상이 어떻게 지각과 환영의 대상으로 변모하며, 욕구의 대상에 대한 <충동적 리비도 투여>를 표현하는지 분석한다. 정신분석에서 리비도 투여는 경제적 개념으로서, 어떤 정신적 에너지가 신체의 일부이자 대상인 하나의 표상 또는 한 무리의 표상에 연결되어 있음을 가리킨다(J. Laplanche, J.-B. pontalis, 1967, p. 211 참조). 부착 이론은 지그문트 프로이트의 저작에서 계속 나타난다. 또 다른 중심 개념은 <형상성>에 대한 요청이다. 프로이트의 이론에서 <형상성>은 <꿈의 사고가 따르는 제약이라는 점을 상기할 필요가 있다. 사고는 선택 과정을 거쳐서 변화를 겪는데 이를 통해 이미지, 특히 시각적 이미지로 표상된다>(J. Laplanche, J.-B. pontalis, 1967, p. 159 참조). 형상성은 드라마(오이디푸스적인 또는 다른)를 시나리오화하며, 그런 다음 이 드라마는 지각에 대한 환상의 우월함을 만들어낸다(S. Freud, 1900)

달리 말해서, 지각 대상(외부 대상 또는 인지 대상)과 환영의 대상(환상의 토대인 리비도 투여의 대상 또는 리비도적 대상) 사이에 구성적 관계에 대한 이론-임상과 실천적 연결이 존재한다. 현재, 여러 연구자가 몇 가지 정신적, 신체적

5) 내재화internalization(영어에서 유래함)라는 용어는 프랑스어 <내재화intériorisation>에 해당한다. 관찰주체가 대상에 대한 여러 특징에 대해 지식을 넓혀가는 과정(예를 들어서 아동이 부모 중 한 사람과 동일시하는 경우)을 구성하는 <내사introjection>와 동의어다. 그러므로 여기서는 상호주관적 관계가 심리내적 관계로 변하는 것과 관련이 있다.

병리를 더욱 잘 이해하고 바르게 치료하기 위해서 인지적 대상과 리비도적 대상 사이의 관계에 대해서 연구하고 있다.

전형적 장애

다음과 같이 구분한다.

– 결핍deficiency은 출생 시부터 혹은 이후 몇 년 안에 발생하는 정신적 장치의 결핍에 해당한다.
– 치매dementia는 아동에게는 거의 나타나지 않으며 과거에 획득했던 능력을 상실하는 것에 해당한다.
– 지능 억제Intellectual inhibition는 <자아의 기능 제한>을 말한다(Freud, 1926). 이 개념은 특히 학습 장애의 정신 내적 원인에 관심을 가졌던 정신분석학자들이 연구했다. 이른바 <신경증적> 억제는 지적 기능이 정상적이라는 것을 의미한다. 기능적 한계는 억제의 결과이며, 억제 메커니즘이 무의식적 갈등에 영향을 준다는 것을 의미한다.

수많은 연구 작업을 통해서 다양한 수준의 지적 활동과 충동적 행동 사이의 감각적 등가물이 만들어졌다. 지적 의미에서 등가물이 설명되지 않은 환상은 거의 없다 (지식을 습득하는 것은 젖가슴, 어머니, 대상 등을 입에 넣는 것에 해당하며, 시험에 합격하는 것은 아버지의 성기를 탈취하는 것이고, 분할은 어머니의 몸을 조각 내는 것에 해당하며, 지식에 대한 갈증은 유아기의 성적 호기심에서 비롯된 것이다…).

그러나 지적 활동은 잠재해있는 충동적 의미 때문에 초자아의 금지로 인해서 제한되는 듯하다.

지그문트 프로이트(1927)는 <일상적 관찰을 통해 대다수의 사람들이 성본능적 힘의 상당 부분을 직업 활동에 성공적으로 사용한다는 것을 알 수 있다. 성본능은 유사한 내용에 특히 잘 사용되며, 승화 능력을 가지고 있다. 다시 말하자면, 성적인 목적이 아닌 다른 목적, 경우에 따라서는 인간의 평가 기준으로 볼 때 보다 상위의 목적을 위해서 즉각적인 목적을 포기하는 능력을 가지고 있다>고 했다. 유아의 성 탐구 단계와 성 이론은 성인과는 대조적으로 독립적인 지적 연구 차원에서 유아에 기준을 두고 만들어졌다. 이 단계는 억압의 분출로 끝나게 되며, 이후 아동 발달에 대한 여러 표상은 다음 세 가지 양상을 띠게 된다고 프로이트는 주장했다.

- 신경증적 억제의 경우, 호기심이 성본능에 따라 다니게 될 때부터 억제된다. 자유롭게 지성을 사용하게 됨으로써 평생 구속을 받게 되며, 교육의 영향 아래 사고에 대한 강력한 종교적 강제와 결합하게 된다.
- 지적 강박은 지적 발달을 끌어들이고자 하는 성적 억제에 저항할 만큼 지적 발달이 충분히 강할 때 발생한다. 성적 호기심이 억압되고 변형되며 방해를 받지만, 사고에 성적 의미를 부여하고 성적 원인으로부터 비롯되는 쾌감과 불안감에 대한 지적 조작에 영향을 줄 만큼 충분히 강하게 남아있다.

---

6) 프로이트의 저작에서, 승화sublimation는 충동에서 성적 관심이 상실된 것을 의미한다. 그러므로 목표의 변화 (애정으로 변형된 충동)와 성적 에너지 또는 공격적 에너지를 사회적으로 가치를 인정받는 활동으로 전환시키는 것과 관련된다. 안나 프로이트 (1952)와 미국 학파의 연구 작업을 통해 <성적 특성 상실>과 <공격적 특성 상실>에 의한 정신적 에너지의 <중립화> 개념이 발전했으며, 자아의 여러 자율적 구획의 비갈등적 작용이 나타나게 되었다.

–승화[6]는 관찰대상이 억제는 물론 지적 강박에 대한 특별한 경향을 가지고 있어서 벗어나는 것을 말한다. 성적 억압은 무의식 속에서 성적 욕구 전체를 끌어들이지 않고도 발생한다. 반대로 리비도는 억압으로부터 벗어나서 처음부터 지적 호기심으로 승화하고 이미 강화된 탐구 본능을 더욱 강하게 만든다. 본능은 비록 성적 대상을 피하게 하는 억압에 의해 드러나지만 지적 호기심에 대해 자유롭게 능동적으로 작용할 수 있다. 이때, 성에 의한 지능의 의미와 역동은 자율적 기능, 이차적으로 발생한 변화라고 할 수 있다. 이로 인해 신경증적 갈등에서 억제 가능성과 내포 가능성이 발생한다.

멜라니 클라인은 『아동의 리비도적 발달에서 학교의 역할(1928)』이라는 연구에서 취학 초기에 아동의 모든 지적 활동(읽기, 쓰기, 그림 그리기, 셈)에 대한 성적인 상징의 의미를 잘 보여주고 있다. 클라인은 해석을 통해 다양한 리비도적 발달 단계를 구분한다(구강기, 항문기, 성기기, 오이디푸스기). 지적 활동은 리비도의 이동 과정에 의해서 활력을 얻게 되는데, 리비도의 이동이 지적 활동을 가능하게 하고 그러한 이동을 승화라고 부른다. 그와 동시에 지적 활동은 갈등에 개입함으로써 약화되는데 갈등은 지적 활동의 금지를 초래한다.

억제는 원초아와 새로 갈등을 일으키는 것을 피하기 위한 방어기제로 여겨진다. 자아는 자신에게 이익과 성공을 가져다주는 것을 실행할 권리를 갖지 않는데 초자아의 엄격함이 그것을 거부하기 때문이다. 자아는 초자아와 갈등을 일으키지 않기 위해서, 그리고 불안감을 느끼지 않기 위해서 지적 활동을 포기한다.

가용에너지 감소 기제는 자아가 죽음 같은 특별한 어려움에 대하여 심리적인 작업을 할 때 나타난다. 정서를 의식적으로 억압하는 것은 성적 환상이 끊임없이 솟아나는 것을 억제할 필요성이 있음을 가리킨다. <신경증적 우둔함neurotic stupidity>은 보거나 알려는 욕구와 관련된 불안감과 죄책감을 마주하지 않고도 어머니와 퇴행적 관계를 유지할 수 있도록 한다. 이런 유형의 설명은 학습 기능에 대한 잠재적인 리비도의 의미에 근거한다. 지식을 습득하는 것은 경쟁과 리비도 충족과 관련한 욕구를 실현하는 것과 관련이 있다. 그럴 경우 지식을 활용하는 것은 지식의 동화를 막지 않은 채, 즉시 초자아에 의해 금지될 위험이 있다.

실제로, 죄책감과 학습된 성본능으로 인한 거세 두려움은, 성격이 병리적으로 구축될 경우 발달 실패의 원인이 될 수 있다(제4장 1 참조).

사고 형태 장애disorder of thought form

B. 지벨로Gibello(1995)는 사고의 형태를 내용(관념 기억 계획 예측)에 의미를 부여하는 무의식적 역동 구조를 가리키는 것이라고 한다. 그는 <시원적 사고의 형태>(인지적, 자기애적, 리비도적)가 언어보다 앞선 것이며 언어에 <언어적 사고 형태>와 <사회 가족 그룹 형태>를 더한 것이라고 정의하는데 이들은 서로 연결되는 구조로 되어 있다. 피아제의 모델에 의하면 이런 구조는 관계에 의한 교류와 상황을 이해할 수 있도록 하기 위한 것이다. 사고 형태(언어구조, 논리구조, 환상구조)는 무의식적인 데 반해 사고 내용(이미지 감정 단어 또는 복잡한 말)은 의식적이다.

그러므로 사고 형태는 물리적 공간이다. 사고 형태의 구조화가 비

정상인 경우, 지능 장애에 의해 임상적으로 손상이 나타난다. 이러한 공간 또는 정신적 <외피>는 주변 세계와 내부 세계(충동)에 대한 감각적이고 지각할 수 있는 여러 인상을 수용한다. 이런 공간에 결함이 있으면 시간과 지속성, 공간과 정신적 표상의 상징화에 중요한 장애가 나타나고 학습장애도 발생한다는 것이 관찰되었다. 사고 내용의 이상은 지적 결함을 가지고 있지 않은 대상(정상 또는 정상에 가까운 사람)에게서도 관찰되며, 추론활동 지연retardation in the organization of reasoning과 병리적 인지 부조화pathological cognitive disorder를 유발한다. 형식논리 구조의 습득에 적어도 4년이 지체되어 있으며(피아제가 고안한 테스트를 통해 알 수 있음) 정상에 속하는 IQ를 가진 아동에게서 추론활동 지연이 나타날 수 있다. 병리적 인지 부조화는 인지 구조 습득에서는 비정상적 이질성을 보이지만 IQ는 정상인 경우를 가리킨다. 예를 들어, 14세 청소년이라면 가설 연역 구조(형식 논리)에 해당하는 자신의 나이에 맞는 과제를 성공적으로 수행할 수 있지만, 6세 아동의 수준에 해당하는 다른 과제(구체적 논리)는 실패할 수도 있다.

<사고 형태 장애>에 대한 범주화는 사고 내용과 형식이 결합된 손상(정신지체와 치매), 내용이나 형식에 아무런 이상이 없는 경우(지적 억제), 또는 내용에는 이상이 없이 오직 형식에만 이상이 있는 경우(추론활동 지연retardation in the organization of reasoning과 병리적 인지 부조화pathological cognitive disorder) 등 세 가지 가능성 중 하나를 찾아낼 수 있도록 한다.

그러나 중요한 점은 징후학 너머에 있다. 이상과 같은 해석 모델은 적어도 개별적인 두 개의 기능 단계로 되어 있으며 두 단계를 함께 고려해야 한다. 이런 추론을 통해 개인의 인지 조직화에 대해 이해할 수

있게 되며, 구체적으로 재훈련을 고려할 수 있게 된다. 구체적 조작 단계의 청소년은 정신적 활동 영역을 행동에 제한하고 이들이 표상 시스템 위에서 자신의 사고를 구성하는 일은 거의 찾아보기 어렵다. 또한 지각적으로 관찰된 구체적 대상에 종속될 것이며 시공간적으로 멀리 있어서 부재중인 대상을 떠올릴 수 없다.

B. 지벨로Gibello는 사고 형식에 대한 특정한 치료적 개입은 그 기능을 개선하고 변형시키며 성격에 대한 인지-정서 구조 전체를 재구성할 수 있을 것이라고 밝혔다.

특정 장애

난독증은 가장 중요한 특정 장애다(8~12%). 대부분 철자장애와 연결되어 있으며 남아 대 여아가 3대1의 비율을 보인다. 정상적 지능을 가지고 있으며 감각적 이상(시각 또는 청각 장애)이 없는 아동에게서도 발생한다. 난독증을 가진 아동은 읽기와 소리 학습에서도 어려움을 갖는다. 아동이 학습 지체를 보이거나 읽기에서 실수를 하는 것은 자주 일어나는 흔한 일이라는 점을 주목할 필요가 있다. 그러므로 난독증은 8세 이후에야 언급할 수 있을 것이다. 난독증은 읽기의 자동제어 기능 습득이 손상 당한 것을 말하며, 아동이 부진한 학업 수행능력을 보이는 것을 의미하지는 않는다. 아동은 단어를 비틀고, 추가하고 빠뜨리면서 한 음절씩 천천히 읽으며, 텍스트에 대한 이해력은 제한되어 있고, 받아쓰기에서 많은 실수를 범한다. 말이 늦는 것과 같은 장애가 결합되는 경우를 흔히 관찰할 수 있는데, 이것은 이해력 곤란과 관련된 언어 장애에 해당하며 대부분 난독증-철자장애를 유발하는 표현 관련 장애는 아니다.

또한 측성화(서투른 시각적 측성화, 청각적 측성화), 시공간 조직화 장애(좌우 감각, b와 d, p와 q처럼 동일하지만 공간적으로 반대방향인 알파벳) 등이 발생할 수 있다.

철자장애는 글을 쓸 때 실수가 높은 빈도로 나타난다. 위에서 언급한 것처럼 난독증은 대개의 경우 철자장애를 동반하지만, 난독증 없이도 철자장애가 나타나는 것을 발견할 수 있다. 철자장애는 조잡한 실수 외에도 동음이의어를 구별하고, 동사의 범주를 인식하고, 문장 구조를 이해하는 데 어려움을 느끼는 것으로 표현된다. 이런 아동에게 자유롭게 글을 쓰도록 하면 글을 구조화하지 못한다.

산술장애는 셈을 습득하는 데 장애가 있는 것이다. 산술장애를 가진 아동은 숫자를 정확하게 다루고, 덧셈, 뺄셈 같은 기본적인 산술 조작을 시행하는 데 어려움을 느낀다. 그러므로 면적, 길이, 부피 등을 계산할 수 없다.

쓰기장애는 신경학적 또는 지적으로 많은 손상을 받지 않고도 글쓰기를 할 때 형편 없는 솜씨를 보이는 것으로 나타난다(판독이 어렵거나 시간이 많이 걸림). 쓰기장애를 가진 아동은 공간 조직화에 결함이 있는 것을 알 수 있다. J. 아주리아게라Ajurriaguera(1974)는 글자쓰기와 관련된 증후군을 전달하는 유형을 다음과 같이 다섯 가지로 구분했다. 긴장을 유발하면서 통제하려 하기 때문에 경직됨, 운동성 장애는 거의 없지만 불규칙한 필체 때문에 글씨가 풀어짐, 거의 통제되지 않으며 충동적인 글씨체로 인한 충동성, 필체가 몹시 나빠서 글쓰기가 서투름, 정확성과 제어하려는 노력 때문에 느리지만 매우 정확함.

3. 애착

3_1 발달

애착과 관련된 문제는 다음과 같다. 어머니에 대한 관계를 유전적으로 결정되어 있는 기본적 욕구처럼 인식해야 하는가? 아니면 이차적인 욕구처럼 인식해야 하는가? 정신분석 이론은 후자의 입장을 선택했다. 애착은 수유에 대한 일차적 욕구에 기반한 이차적 충동일 수밖에 없다는 것이다. <기반étayage(fr.)>이라는 용어는 프로이트가 성충동에 대한 자기보존 충동의 일차적 관계를 가리키기 위해 사용했었다는 점을 주목할 필요가 있다. 생명 기능은 유기적 기관, 방향, 성충동 대상을 만들어낸다. 성충동이 독립적으로 되는 것은 이차적인 현상에서만 가능하다. 결국 프로이트는 주체가 사랑의 대상을 선택함에 있어서 자기보존 충동의 대상 역시 고려한다는 사실을 가리키는 것 역시 기반이라고 말한다. 이것이 바로 프로이트가 <기반에 의한 대상 선택 유형type de choix d'objet par étayage(fr.)>이라고 부르는 것이다(J. Laplanche, J.-B. pontalis, 1967, p. 148 참조).

프로이트가 유아 성본능 단계를 이론으로 정립한 것은 귀납적으로 치료를 받던 환자들에 의해 재구성된 사실에서부터라는 점을 주목할 필요가 있다.

그렇기 때문에 정신분석학적 해석에 만족하지 못했던 J. 보울비 Bowlby(1969, 1973, 1980) 같은 연구자들이 실험적 방법을 선호하게 되었던 것이다. 보울비는 수많은 저작을 통해 하나의 이론을 정립하게 되었는데, 그 출발점은 동물과 아동에 대한 장기적 직접관찰이었다[7]. 이를 위해 보울비는 J. 피아제Piaget와 헝가리 정신분석학파[8]의 연구 작업을 참고했다. 즉, 행동 성숙과 구조화는 나란히 진행된다고 보았다. 그는 피아제처럼 감각운동 지능을 바탕으로 구성된 행동은 발달과 함께 상징적 사고를 기반으로 구성된 행동에 자리를 내주게 된다고 생각했다.

보울비가 정리한 애착 이론은 수많은 동물행동학과 연결되는데, 동물행동학은 일차적 애착 개념에 대해서 연구하는 것이다.

보울비는 본능적 행동 이론에 기반을 두고 있는데, 그 중 특별한 하나의 사례는 동물을 대상으로 하는 K. 로렌츠Lorenz (J. 보울비Bowlby, 1954, 1962 참조)가 제안한 것으로서, 영아가 자신이 처음으로 보는 움직이는 <대상>(일반적으로 어머니)을 눈으로 따라가거나 붙잡도록 하는 선천적 기제를 각인imprinting이라는 명칭을 사용해서 정의하고 있다. 그러므로 성인은 보호 기능을 완수하고, 유아가 자신과 같은 구성원을 구별하고 그룹에 동화될 수 있도록 하는 모델 역할을 수행한다.

또한 보울비는 H. G. 할로우Harlow (1960, S. Lebovici, 1983)가 제시한 이론을 활용하고 있는데, 이들은 아기원숭이를 어미원숭이에게서 분리시

---

7) J. 보울비Bowlby는 1952년 J. Robertson과 함께 아동이 분리되었을 경우를 촬영함으로써, 처음으로 영상물을 관찰 방법으로 사용했다.

8) 헝가리 학파를 대표하는 인물로는 S. Ferenczi, M. Balint, I. Hermann 등이 있으며, 접촉욕구와 대상에 대한 일차적 접촉에 대한 이론을 만들어냈다.

키는 실험을 통해 관찰했다. 두 연구자는 아기원숭이가 무엇보다도 성인 개체와 접촉하려고 하고 또 가까이 있으려 한다는 것을 잘 보여주었다. <철사어머니>와 <헝겊어머니> 실험이 바로 그것이다. 이 실험은 아기원숭이가 태어나자마자 생물학적 어미로부터 분리시킨 다음, 아기만 우리에 넣어두는 것으로, 그 안에는 두 개의 모형을 놓아둔다. 하나는 원숭이의 털과 비슷한 천으로 만든 인형이고 또 하나는 철사로 만들어서 우유병을 달아놓은 것이다. 아기원숭이가 대부분의 시간을 <헝겊어머니> 곁에서 보내며 우유를 먹을 때만 다른 인형에게로 간다는 것을 알 수 있었다. 이 실험으로 인해 아기원숭이들이 행동 장애를 보이게 되었으며 후에 원숭이 그룹으로 다시 복귀하는 것이 불가능하다는 것도 관찰할 수 있었다.

에인스워스Ainsworth와 벨Bell의 연구 작업 역시 애착 안정성과 인지발달 사이에 관련이 있음을 증명했다.

이 같은 전체 연구작업을 바탕으로 보울비는 다음과 같이 주장했다. 생명이 있는 여러 종에서 여러 세대를 연결하는 애착이 인간에게 존재한다. 애착은 각인에 의해 기반이 만들어진다. 애착 이론은 첫 번째 관계가 만들어지는 방법을 고려한다. 즉, 안전이 잘 보장되어 있으면 인지기능도 발달하게 된다는 것이다. 실제로 안전은 불안정도 허용하는데, 불안정이 이해되고 통합될 수 있기 때문이다. 불안정은 인지학습의 부분이기도 하며 관찰대상을 발달과 자율성으로 인도하는 것이기도 하다.

정신분석학자, 특히 D. 벌링햄Burlingham과 안나 프로이트Freud (1949), R. 스피츠Spitz (1958)는 동물행동학자보다 먼저, 어머니의 보살핌을 받지 못했거나 부모와 분리된 아동에게 중요한 행동 장애가 나타난다는 것을 확인했다. 스피츠(1958)는 <의존성 우울증>과 <병원증후군hospitalism> 개념을 발전시켰다. 위의 경우에 해당하는 아동이 제일 먼저 보이는 증상은 눈물이며, 이어서 무관심, 그리고 마지막으로 마비상태가 나타난다. 스피츠가 <의존성 우울증>이라고 명명하게 된 이유는 아동 발달에 토대가 되는 <사랑하는 대상>의 상실과 그로 인한 기반의 상실로 인해서 나타나는 것이기 때문이다. 이러한 기분 장애는 신체적 장애를 동반한다. 이 같은 임상양상은 아동이 보다 장기적으로(5개월 이상) 어머니 같은 사랑하는 대상과 모든 관계를 박탈당했을 때 더욱 심해질 수 있다. 그렇게 되면 <병원증후군>이 생긴다.

보울비는 세계보건기구WHO에 제출한 보고서 「어머니의 보살핌과 정신건강」에서 아동의 정서 관계 형성에 있어서 애착의 근본적인 역할을 밝혔다.

M. 에인스워스Ainsworth (1969, B. Pierrehumbert, 1992 참조)는 분리와 재회 시나리오에 기반한 낯선 상황 실험을 통해 <애착 행동>[9] 관찰을 <조작할 수> 있었다. 이 실험을 통해 12개월 된 아동이 부모 곁에서 위안을 찾고, 부모로부터 이차적으로 자신의 환경을 탐색하러 다시 출발할 수 있도록 하는 안전한 기반을 발견하는 능력을 평가할 수 있게 되었다. 달리 말하자면 아동의 애착 방식의 안전한 정도를 연구했다고 할 수 있다.

9) 애인스워스Ainsworth의 패러다임을 말한다.

다음과 같이 네 가지 유형의 애착 방식이 있다는 것이 밝혀졌다.

– 안정애착(A형) : 분리 시 아동은 저항하며, 부모의 귀환에 안도감을 표현한다. 어머니와 가까이 있으려고 하며, 상호작용을 추구한다.*
– 불안정-회피 애착(B형) : 아동은 위안이 필요하지 않다고 생각하는 것처럼 보인다. 상당히 독립적인 인상을 주며, 부모를 안전한 토대로 여기지 않고, 귀환 시 무시하거나 회피한다.
– 불안정-저항 애착(C형) : 아동은 위안을 찾지만 분리 상황에 두려움을 보이면서 부모에게 매달린다. 분리 시 불안감과 동요를 보인다. 접촉을 추구하지만 분노의 움직임으로 접촉에서 벗어나려 하고, 달래는 것을 거부하거나 수동적으로 괴로움을 표한다.
– 불안정-혼란 애착(D형) : 어머니가 다가오거나 경직된 자세를 보이면 아동은 혼란이나 두려움을 보인다.

요약하자면, 애착의 대상이 돌아오게 되면 <안정> 유형 아동은 불안감을 느끼다가 안도하게 되지만, <불안정> 유형 아동은 불안감, 회피, 저항, 혼란 등을 표시한다.

이처럼 다양한 애착 유형은 후에 일어나게 되는 아동 발달에 대해서 미리 알려준다. 예를 들어 <불안정> 유형 아동은 학업에 더욱 어려

---

* A형 : 엄마가 있으면 낯선 사람을 봐도 잘 지낸다.
B형 : 놀이에 집중하지 못한다. 부모와 분리되어도 외견상 큰 동요가 없다.
C형 : 접촉에 관심이 없거나 다가가서 안겼다가는 화난 듯이 거부하고 일어나는 양극적 반응을 보인다.
D형 : 엄마와 떨어져 있다가 다시 접촉하는 데 여러 가지 혼란되고 모순된 행동을 보인다. –감수자 주

움을 겪으며 행동 장애를 더욱 많이 보인다는 것을 알 수 있다.

M. 메인Main (B. Pierrehumbert, 1992 참조)은 어머니에게서 관찰되는 애착에서부터 애착 유형이 프로그래밍되고 전달된다고 주장한다. 어머니가 아기를 보살피는 행동, 어머니-아동 양자 사이의 관계 패턴, 아동 발달 사이에 연속성이 있을 것이라고 생각한다.

동물행동학적 해석은 사실상 한계가 있다. 모든 인간 활동의 기본적 차원이 바로 정서성이며 거기에는 반드시 상상력의 차원이 동반된다는 것을 간과하고 있다는 점이 바로 그 한계다. 앞에서 본 바와 같이 정서현상은 의식과 무의식, 이중으로 구성되어 있다. 어머니는 실제 자신의 아이, 그리고 자신의 발달과 아동기 이야기를 통해서 만들어진 무의식적 투사를 통해 지각한 상상의 아이에게도 말을 건넨다(S. Lebovici, 1983 ; 2장 5 참조).

애착 모델의 장점은 제반 위험요인을 고려하는 것이다. 문제는 병리적 집착을 바꿀 수 있는가, 그리고 특별히 부정적인 전달로 인한 결과를 다르게 만들 수 있는가 하는 점이다. 애착 유형을 기본적으로 구성하는 표상은 치료 과정에서 환자가 자신의 내적 세계를 탐색할 수 있도록 하는 안전하고 <내포적인> 관계를 정서적으로 경험하는 순간부터 재조직화 될 수 있다고 간주한다. 공감의 관계는 자신과 타인에 대한 새로운 표상을 만드는 데에 도움을 주며, 그렇게 함으로써 보다 적절한 상호작용 관계 양상이 나타난다.

신뢰적(또는 안정) 애착이 앞으로 일어나게 될 모든 형태의 불안으로부터 보호해주지 못한다는 점을 주목할 필요가 있다. 그렇기 때문에 성 본능을 고려해야 하며, 자기성애가 성충동과 관련이 있는 것처럼 애착은 자기보존과 관련이 있다는 점에 중점을 두어야 할 것이다. 그렇다면 갈등의 역할은 무엇인가, 환상과 밀접한 관계를 가지고 있는 양가 감정의 역할은 무엇인가? 결국 애착을 위해서 성본능을 배제하거나 혹은 성본능을 위해서 애착을 배제하는 것은 가능하지 않다. 그러므로 정신분석학적 이론을 완전히 배제할 수 없다.

실무에서 정신분석과 발달심리학, 두 이론은 인간의 심리를 이해하기 위한, 다양하며 반드시 필요한 단계들을 고려한다. 발달적 관점에서 주장하는 애착 이론은 여러 자기애적 병리 또는 결핍적 병리의 원인을 더욱 잘 이해할 수 있도록 한다. 정신분석 이론은 신경증적 병리에 대한 설명을 제시한다(설명 자체가 치료로 인정된다). 정신분석 이론 역시 <아버지, 어머니와 아기가 '노력하도록' 하기 위한 모델을 제공할 수 있다는 점에서 삼자간 초기 상호작용에 대한 연구에 매우 유용하다(S. Lebovici, 1991).

3_2 장애

발달에 필요한 정서적 보살핌이 심각하게 결여된 아동은 성격 전반에 있어서 리비도 투여 결핍으로 고통 받게 된다. 그로 인해서 신체, 정서, 관계, 행동 차원 모두에서 장애가 나타나게 된다. 이 같은 장애의 강도는 정서적 결핍의 정도를 말해준다. 기본적으로 어머니의 보살핌이 양적 물적으로 부족해서 아동의 기초적 요구를 만족시키지 못하면 정서 지체가 나타난다(소홀히 대하기, 무관심, 비투여, 어머니의 병리). 결핍의 성질, 기간, 당시 아동의 연령, 강도, 결핍이 있기 이전 어머니의 보살핌, 애착, 상호작용의 질, 아동 고유의 잠재능력, 결핍의 결과 등이 어느 정도 영향을 미친다.

J. 보울비Bowlby(1954, 1962, 1978)는 결핍을 다음 세 가지로 구분한다.

- 부족함으로 인한 결핍은 입원 또는 시설에 수용된 아기의 경우처럼 아동이 어머니를 대신하는 것을 찾지 못하고 어머니의 보살핌이 충분하지 못하거나 적절하지 못해서 심각한 상호작용 장애가 일어나는 상황에서 비롯된다(제3장 2 참조 ; R. Spitz, 1958, 의존성 우울증과 병원증후군)
- 불균형으로 인한 결핍은 어머니와 살고 있지만 충분한 보살핌을 받지 못하는 아동에게 나타나는데, 이로 인해 상호작용에 장애가 온다.
- 불연속으로 인한 결핍은 아동을 적절하게 보살피더라도 애착 대상과의 관계에 반복적으로 단절이 일어나면서 발생한다.

어머니가 우울증인 경우 빈번하게 발생하는 상호작용의 부조화는 아동의 정서 기능에 명백하게 영향을 준다는 점에 주의해야 한다. 연구작업 대다수는 우울증에 걸린 어머니의 1세 아기가 보이는 애착 유형은 우울증에 걸리지 않은 어머니의 아기의 애착유형과 다르다는 점을 잘 보여주었다. 우울증인 어머니의 아기 그룹에서 더 많은 아동이 <불안정-저항> 또는 <불안정-회피> 애착을 보였다. 이와 반대로 표본 그룹의 아동 대다수는 <안정> 애착을 표현했다. 그뿐만 아니라, 우울증인 어머니의 정서적 개입은 표본 그룹 어머니의 정서적 개입보다 제한되어 있다. 표본 그룹의 어머니의 아기와 비교해보면 우울증 어머니의 아기에게서도 동일한 현상이 일어난다. 표정, 목소리, 자세, 신체의 움직임, 시선 방향 등이 더 많이 결핍되어 있으며 어머니와 아기 모두에게서 정서적 개입이 적게 표현된다. 우울증에 걸린 부모는 아이에 대해 더욱 부정적이며, 참을성이 적고 간섭이 심하다. 2세 아이를 가진 우울증에 걸린 어머니는 비난을 더 많이 하며, 제대로 개입하지 않고, 아동의 응답에 대응하는 것이 많이 부족하고 아동에게 애정을 덜 표현한다는 것도 확인했다.

이 같은 모든 부모의 행동은 아동의 자아 구축에 부정적인 영향을 준다. 예를 들어 부모의 무관심은 아동에게 분노와 비참함을 느끼게 한다. 이와 반대로 아기와의 상호작용에서 따듯하고 책임감이 있으며 애정이 많은 부모의 행동은 아기가 효율적으로 자신의 흥분을 조절하는 것을 배울 수 있도록 내적으로 최적의 상태를 제공한다.

결핍은 발달과 내부 정신기능 차원에 극적인 효과를 미친다는 것을 잘 알 수 있으며, 기본적 불안정감은 자기애에 균열을 초래한다는 것도 알 수 있다. 대부분 이러한 균열이 가지고 있는 불안정적인, 더 나아가 파괴적인 모든 효과에도 불구하고, 그런 균열을 감수하면서 채우려고 노력할 수 있을 뿐이다. 여러 행동 유형을 들 수 있다. 우선 H. 도이치Deustch (J. Bergeret, 1974 참조)가 설명한 as if 성격이나 <카멜레온> 성격을 들 수 있다. 이런 유형의 성격은 표면적으로는 적응하는 것처럼 기능하지만 실제로는 정확한 정신적 방어기능보다는 <행동 요령>을 가진 것에 불과하다. 그 다음으로 범죄 행위, 난폭함, 자살 같은 행동으로 특징지을 수 있는 성격유형이 있으며, 이 밖에 정신신체적 현상이 시작되기도 한다(이상과민증, 두통 등).

이 같은 모든 경우에 있어서 사고는 불완전한 오이디푸스적 조직화로 인해서 흔들린다. 대인관계는 메마르게 되고 생기를 잃게 되며 대부분 문제가 일어난다. 이런 유형의 조직화는 <성격신경증> 또는 <경계성 우울증>이라고 부르는 일련의 병리에 해당한다. 메타심리학적 차원에서 개인은 정신병에서 관찰할 수 있는 양자 융합적 관계를 넘어서지만, 생식 차원에서 진정한 의미의 오이디푸스적 구조화가 이루어지지 않는다. H. 코헛Kohut (1974)이 자기애성 인격장애라고도 부르는 성격신경증에 대한 치료적 접근법을 재검토했다는 점에 주목할 필요가 있다[10]. 정신분석학자의 연구를 통해 이러한 여러 장애로 고통 받는 사람은 하나의 치료 유형cure type(fr.)[11] 차원에서 일반적으로 얻을 수 있는 치료 효과를 얻지 못한다는 것이 밝혀졌다. 전이시, 유아적 갈등이 반복되는 것은 여기에 적용되지 않는다. 이런 환자는 특정 전이를 발달시키고 그런 전이의 목적은 분석자를 과대 대상[12]으로 만드는 것인데, 그 과대 대상은 자신의 자아 또는 자기-대상self-object에 불과하기 때문이다. S. 르보비치Lebovici(1991)는 <과대 자아를 불완전하게 보호하는 이차적 자기애에 대한 보호와 애착이 일어나는 장소>라고 했다.

10) 자기애성 인격장애는 H. Kohut(1974)이 연구했으며, 정신분석 치료를 받는 환자의 전이를 분석하는 것을 연구 과제로 삼았다. 이상화 전이는 전지적 대상 (이상화된 부모의 이미지)을 만들어내며 한편 반사 전이는 위대한 자아를 만들어내는데(심리치료사에게 투사), 그런 자아는 자신을 평가절하하면서 임상적으로 표출된다.

11) 치료유형cure type은 정신분석학적 방법에 의해 마련된 심리치료 상황에 반하며, 본질적으로 신경증적 상태의 치료를 위한 것으로서 무엇보다도 재구성적인 해석을 기반으로 한다.

12) 과대 자기grandiose self는 자아감의 비현실적 과정이나 자신에 대한 과도하고 노출적인 이미지에 해당한다. 치료 시, 이상화된 과대 자아는 반사 전이를 사용하면서 치료사에게 투사된다.

4. 성본능과 성차

4_1 발달

정신분석학에서 나르시시즘(나르시스 신화를 참고로 한 이 용어는 자신의 이미지에 대한 사랑을 말한다; J. Laplanche, J.-B. Pontalis, 1967, p. 261 sqq. 참조)은 정체성 형성에 중요한 역할을 한다. 원초적 양성 소질이라는 개념은 지그문트 프로이트와 W. 플리스Fliess의 영향을 받아, 모든 인간을 원초적으로 구성하는 남성적이면서 여성적인 성적 경향을 표현하기 위해 사용한 것이다. 이러한 경향은 <주체가 자신의 성을 수용하기 위해서 경험하게 되는 갈등 속에서> 찾을 수 있다(J. Laplanche, J.-B. Pontalis, 1967, p. 49 참조). 그러나 원초적인 생물학적 양성 소질이라는 이론과 <남근 중심> 이론은 남성과 여성 모두에게 적용하기 어렵다. 특히 생물학적 데이터는 프로이트의 저서에서 최종적으로 중요시되는 <거세 콤플렉스> 이론을 설명하기에 충분하지 않다(<성차> 제4장 참조 ; J. Laplanche, J.-B. Pontalis, 1967, p. 50-51 참조).

동물행동학으로는 <보편적인 성격을 갖는 남성 또는 여성적 특징을 나타내는(동물) 심리학>을 설명할 수 없다(J. Ajuriaguerra, 1974). 양성 소질은 사회적 역할보다는 인간의 정신이 가지고 있는 가소성으로 인한 것인 듯하다. 주체의 성 지향성은 출생시 그에 대한 주변의 태도와 리비도 투여, 그리고 자기 스스로 부여한 성과 연결된다. 인간은 성장하기까지 오랜 시간 의존적 상태에 머무르며, 성적으로 미숙하기 때문에 더욱 더 자신의 주변과 연결을 갖게 되고 주변은 어느 정도 주체의 리비도 투여를 유도한다. 한편, 성지향성을 성애와 구분하는 것이 필요한데, 성애는 주로 쾌감, 생식과 관련이 있는 여러 가지 사실을 포함하며, 생식기에 국한되어 있다. 이 밖에도 성 정체성의 구성은 각 성에 부여된 역할, 위치, 기능 속에서 사회적 위치에 따라서 이루어진다.

일부 학자들은 역할, 활동, 성격적 특징 속의 성차가 성적 고정관념을 가리킨다고 본다. 또 다른 학자들은 사회적으로 여성, 또는 남성으로 미리 정해진 특징이 우선한다고 생각한다. 아동에게 있어서 성적 고정관념에 대한 연구는 잘못된 가설에 기반을 두고 있다. 실제로 연구작업 대부분은 아동이 특정 장난감을 선호하는 것을 성격에 대한 성적 고정관념적 지향성의 표현이라고 해석한다. 여기서 잘못된 점은, 포착된 차원 단 하나만으로 성격 전반을 반영할 수 있다고 생각하는 것이다. 이것은 부당한 일반화에 해당하며, 성 역할이 복합적인 만큼 성 역할에 대한 연구는 다차원적인 것이 되어야 한다.

성차

호적상의 성, 유전학적 성, 생식선적 성, 신체적 성, <경험된> 성을 구분하는 것은 당연하다.

- 호적상의 성은 명확한 개념이다.
- 유전학적 성 : 세포의 핵은 46개의 염색체가 23개의 쌍을 이루어 구성된다. 각 염색체는 특정한 유전적 코드를 구성한다. 22개의 염색체

쌍은 남성과 여성이 동일하게 가지고 있다. 23번째 염색체 쌍이 남성과 여성을 구분한다. 남성은 23번째 염색체 쌍이 46xy에 해당하므로 이형이며, 여성의 23번째 염색체 쌍은 46xx에 해당하므로 동형이다. 남성 생식세포는 정자며 여성의 생식세포는 난자다. 생식세포는 생식선이라고도 부르는 생식기관에 의해서 만들어진다. 여성 생식선은 난소며, 남성 생식선은 고환이다.

– 생식선적 성 : 생식선은 임신 5주와 6주차 동안 나타나며 처음에는 구분되어 있지 않다. 남성 또는 여성 생식선 구조, 그리고 염색체에 자리잡은 성 유전자가 생식선적 차별을 가져온다.

– 신체적 성은 일차적인 성적 특징(내부와 외부의 생식기관)과 이차적인 성적 특징(체모, 가슴, 외형)을 가리킨다.

– <경험된> 성은 <성적 정체성>과 리비도의 방향성을 가리킨다. <성적 정체성>은 젠더(사회적 역할을 가리키는 심리학적 사회학적 개념)의 정체성과 생물학적인 성 정체성으로 구성된다.

성차의 발달

프로이트는 유아 성애와 그 역할이 잠복기 동안 매우 중요하다는 것을 발견했으며 이 사실은 성적 정체성 이해에 결정적인 영향을 주었다. 아동 스스로 하나의 성을 가지고 있다는 것을 인식하면 다른 성은 부정하게 되며, 당분간 진정한 의미에서 성적 만족의 대상을 찾지 않게 된다. 이 기간을 <잠복기>라고 한다. 이 기간 동안 아동은 스스로를 개발하고 사회적으로 허용된 다양한 활동으로 관심을 돌린다(제3장 각주6 승화 참조. 승화는 본래 예술적이며 지적인 활동이라는 점을 기억해둘 필요가 있다).

지그문트 프로이트는 사춘기까지는 진정한 의미에서 생식의 조직화가 부재한다고 생각한다. 아동에게서 남성과 여성은 프로이트가 <남근>이라고 부르는 특별한 논리 안에서 표현된다. 프로이트는 어린 여아는 남근의 부재 외에는 자신의 신체를 인식할 방법이 없다는 논리에서 출발한다. 이런 이원적 논리는 여성은 <거세>라는 단어에, 그리고 남성은 <남근>이라는 단어에 해당하는 상징체계를 발달시키도록 한다. 이 개념은 프로이트로 하여금 <거세 콤플렉스>라는 이론을 발전시키도록 하며, 거세 콤플렉스는 <거세 환상>에 기반을 두게 된다. 이런 환상을 가공하면 성기의 해부학적 차이(남근의 현존과 부재)로 인해서 아동이 가지게 되는 수수께끼에 대해 답할 수 있게 된다. 여아에게서 남근을 제거하는 것으로 성차가 발생한다고 생각한다(J. Laplanche, J.-B. Pontalis, 1967, p. 74 참조).

프로이트는 또한 남아와 여아에게서 거세 콤플렉스의 구조와 결과에 이론적 차이가 있다고 생각했다. <남아는 거세를 자신의 성적인 행동에 대한 아버지의 위협이 실현되는 것으로 보고 두려워하며, 그로 인해서 거세 불안이 나타나게 된다>(ibid., p. 74). 남아에게서 거세 콤플렉스는 오이디푸스 콤플렉스가 퇴조하고 있다는 것을 보여주며, 이때가 <오이디푸스 콤플렉스의 금지와 규범> 기능이 실현되는 순간이다. 여아는 <남근의 부재를 부정하고 보상하고 회복해야 하는 손상처럼 느낀다>(ibid.). 거세 콤플렉스는 <아버지의 남근을 욕망하는 노력이며, 따라서 오이디푸스 콤플렉스로 들어가는 순간이 된다>. 어린 여아는 어쩌면 <아버지에게 거세당한 어머니에 의해 더욱 더 남근의 부재를 느낀다>(ibid).

아동의 신체에 대한 관심과 성기 만지기

성 조직화와 성차 발달에 대해서 논의를 계속하자면, 상대방이 수행하는 타인의 역할이 본질적이라는 점을 이해하는 것이 중요하다. 실제로 타인의 보살핌을 받을 때, 아동은 생식 기관과 그 주변에서 쾌감을 느낀다. J. 아주리아게라Ajuriaguerra(1974)는 <지연되었거나 위치가 잘못된 자기애적 충동, 그리고 기대하던 쾌감의 환상은 생식기와 그 주변으로부터 조직된다>고 한다. 나이에 따라서 성적 관심은 달라진다. 자신과 타인을 대상으로 하는 성적 유희에 대한 관심과 출산과 탄생에 대한 호기심, 그리고 이성에 대한 관심이 발달한다. 2세 반이 될 무렵, 아동은 자신이 어머니처럼 여자라는 것을, 아니면 아버지처럼 남자라는 것을 알게 된다. 3세에는 성별간 해부학적 차이에 관심을 표현하고 배뇨 자세가 다르다는 것을 알아차린다. 아동은 성인을 만지거나(특히 가슴) 쳐다보는 것을 즐긴다. 4세경에는 노출 놀이를 관찰할 수 있는데 5세경이 되면 줄어든다. 성적 확인을 위한 놀이는 6세 무렵 나타난다. 첫 번째 사랑 이야기는 7세경에, 성적 질문에 냉소를 보이는 것은 8세경에 나타난다. 세부적인 내용과 자신의 신체 기관의 기능, 나체에 대한 거북함, 남녀가 분리되어 놀이를 하는 모습 등은 9세경에 나타난다. 취학기간 동안, 아동은 동일시의 대상이자 자신보다 나이가 많은 사람에게 애착을 보인다. 사춘기 이후에 동성, 동일한 연령의 사람에게 이끌림이 나타나고, 좀 더 후에 이성에 대한 관심이 나타난다. 11세가 되면, 아동은 생식적 차이가 남자와 여자를 구분하는 주요한 특징이라는 점을 의식하게 된다.

자신과 타인에 대한 지각, 또는 타인과 자신을 만짐으로써 생식기관을 인식하게 된다. 1912년, 비엔나 학술회의에서부터 여러 정신분석학자는 아동 자위가 보편적인 현상이라는 사실을 받아들이고 거기에 병리적인 관점을 인정하는 것을 거부했다. 한살이 되기 전, <생식기 놀이>, <자기애적 행동> 또는 <비성애적인 쾌락주의>라고 부르는 행동을 볼 수 있다. 이런 활동은 생식기관을 만지거나 흔들면서 배설물을 만지고 또는 섭취하는 것을 말하며, 분명하게 만족감을 포함하는 율동적인 활동이다. 2세 무렵 자위 행동이 멈추는 것을 관찰할 수 있으며(항문적 자기애), 남근기가 시작되는 3세 또는 4세 무렵 다시 시작된다. 잠복기 동안에는 성적 관심이 줄어들지만, 이 시기가 지나면 10세경부터 자위 비율이 점차 크게 높아져서, 15세가 되면 80%에 달하게 된다. 남아가 여아보다 더 높은 비율을 보인다. 49명의 남아를 대상으로 어머니의 관찰에 의거한 조사에서 53%가 3세 이전에 성기 만지기를 시작했다는 것을 알 수 있었다. 문제가 있는 아동 320명을 대상으로 한 조사에서 1세에서 14세 아동 45%가 자위를 했으며, 이 그룹의 54%가 5세 이전에 자위를 시작했다는 것을 알게 되었다. 73%에 달하는 아동의 부모가 이 문제를 파괴적인 방식(특히 생식기관에 대한 직접적인 신체적 위협)으로 접근했다. 그러나 후슈카Huschka (Ajuriaguerra, 1974 참조)는 이 같은 관찰 결과가 사실보다 적은 비율이라고 밝혔는데, 실제로 부모가 아동의 자위와 자신이 그런 상황에 대처했던 방식을 기억하는 경우와 또한 부모가 실제로 발생한 일을 이야기할 수 있을 만큼 충분히 안정감을 느끼는 경우에 한정된 것이기 때문이다.

자기애적 행동과 자위는 인격 발달과 무관하지 않으며 인격 형성에 영향을 준다. 부모에게 있어서 자녀의 자위는 비교적 잘 처리했던 자신의 과거 문제를 다시 현실로 드러나게 한다.

4_2 장애

염색체 이상

터너 증후군은 여아에게 나타나며 여성의 신체 형태를 취하지만 x염색체만 있는 경우를 말한다. 가슴이 나오고 월경이 없지만 호르몬 치료로 완화시킬 수 있다. 클라인펠터 증후군은 남아에게 나타나며 남성의 신체 형태를 갖고 있지만 외부 생식기관이 위축되어 있으며 x염색체 2개 y 염색체 1개로 세 개의 염색체를 가지고 있다. 이런 증후군을 가진 아동이 정신 장애에 걸릴 위험은 일반 아동에 비해서 더 크다. 두 증후군은 일반적으로 다소 심각한 정신지체와 결합되어 있다. 마지막으로 온갖 유형의 양면성을 포함하는 진성 반음양True hermaphroditism 증상을 찾아볼 수 있다.

생식선 이상

다음 두 가지 형태가 있다.

– 초기 사춘기와 함께 나타나는 기능적 유형

남아에게서는 종양으로 나타나며 정서적 심리과정에서 불균형을 초래하는 뇌하수체 억제 기능을 한다. 여아에게서는 기능적인 것으로 나타나는데 사춘기가 17세 이상으로 늦어지며, 남아에게서는 18세 이상으로 늦춰지면서 억제-고립 증후군이 나타나게 된다.

– 성 정체성 콤플렉스 문제와 관련된 남성 혹은 여성 가성반음양을 보이는 기관적 유형
이 경우 아동은 정확하게 확인된 호적상의 성으로 키워진다(성 전환). 부모가 아이에게 부여한 사회적 성은 성적 정체성을 확고하게 하는 축이 된다.

심리적 장애

리비도의 발달은 점진적으로 이루어지며 일반적으로 사춘기에 반대 성性과의 성적 관련성에 대한 생식적 선택을 하게 된다. 아동 성도착 진단을 하는 경우에도 성적 조직화 장애처럼 보일 수 있기 때문에 신중을 기해야 하는데, 단순히 과도한 리비도 투여, 고착, 또는 이전 단계로의 퇴행으로 인해 부분적 충동이 과도하게 표현된 것일 수 있기 때문이다. 이런 모든 임상 형태는 일시적일 수 있기 때문에 전체적으로 전개 단계, 순응성, 강직성 등을 평가할 필요가 있다. 그렇지만 차후에 퇴행이 일어나게 될 때 부분적 쾌감의 행태로 재발할 수 있다.

성적 호기심은 성의 다양성에 관심을 갖는 아동 성본능의 주요 요소가 된다. 보는 것으로부터 얻어지는 쾌감은 대개 죄책감이 들게 하며 수치심과 뒤섞여 있다. 부모의 억압 역시 이런 정서를 대부분 악화시키며 이해와 정확한 설명으로 억압을 완화시킬 수 있다. 노출 행위는 동일 연령 아동 사이에서 자주 일어나는 성적 유희이며 성적 호기심을 공유하는 정상적인 방식이다. 그뿐만 아니라 선호하는 물체(형겊, 인형)에 애착을 보이는 것은 아동에게서 자주 볼 수 있는 일이며, 페티시즘이라고 볼 수는 없다. 유아의 페티시 물건은 구강의 쾌감을 만족시키고 분

리불안에 맞선 싸움을 조직한다. 그래서 어머니의 신체를 대신하고 좀 더 후에는 과도기 대상[13]이 된다(D.W. Winnicott, 1969). 그렇지만 이런 대상이 사춘기가 지나서 청소년기에 느끼는 성적 흥분에 대한 방어기제가 된다면 도착적인 양상을 가질 수 있다.

복장도착은 반대 성의 복장을 입고 싶어하는 욕망을 말하는 것으로서 – 아동이 옷에 관심이 있다는 것을 기억할 필요가 있다 – 아동에게서 하나의 욕망이 되거나 자신이 속한 성이 입는 복장을 거부하게 되면 문제를 야기한다. 사춘기 이후 남아의 복장도착은 자위로 인한 쾌감을 대신할 수 있으며, 성적 흥분이 분명히 성적 행동과 연결될 때, 일반적으로 도착증을 알려주는 전조가 된다. 그러나 복장도착이 어머니가 자신보다 사랑하는 누이를 통해 어머니의 사랑을 찾으려는 관계적 의미를 갖거나, 자신의 남성성을 어머니가 부정하는 것처럼 느끼는 것에 대한 반응이 될 수도 있다. 아동이 잃어버린 사랑의 대상을 부분적으로 자신과 동일시할 때 계속 그 대상을 유지하려는 것일 수 있다.

복장도착의 경우 성적 정체성에는 변화가 없지만, 성전환증의 경우에는 성적 정체성에 변화가 있으며 초기에 자신이 반대 성에 속하는 것으로 느낀다. 거기에 더하여 신체적으로 다른 성과 닮고 싶다는 강렬한 욕구를 느낌과 동시에 자신의 신체에 대해 소외감을 느끼게 된다. 남아는 2세에서 3세 사이에 여성성을 표현하는데, 어머니와 신체적이

---

13) 과도기 대상transitional object은 아동이 생후 첫 2년 동안 애착하는 대상이다(곰인형, 숄, 손수건, 다양한 동물,…). 이런 대상은 투사 매체이며 이를 통해서 처음으로 방어기제를 표현한다. 이런 과도기 대상이 존재하는 이유는 잠재적 공간이 있어서 심리내적 혹은 개인적 현실과 객관적으로 지각된 실제하는 세상 사이에서 중간 세상의 역할을 하기 때문이다. D.W. Winnicott(1969)는 <잠재적 공간은 아기와 어머니를 연결시키고 분리시킨다>고 말했다.

자 정서적인 공생적 커뮤니케이션을 하며 오이디푸스 콤플렉스 징후는 나타나지 않는다. 아동이 자신의 <성 역할>을 체험할 수 없을 때 우울증과 성격 왜곡이 관찰된다(J. De Ajuriaguerra, 1974). 여아의 성 전환증은 훨씬 드물게 나타나며, 남아의 성 전환증과 거의 동일한 특징을 보인다.

동성애는 성적 유희라고 볼 수 있는 일시적인 경험과 아동이 다른 성에 대해 강렬한 관심을 가지고 있는 잠재적 동성애로 구분되는데, 후자는 대부분 초기의 부모-자녀 갈등과 관련되어 있다. 일시적인 경험일 경우 아동은 이성과의 놀이에 무관심하며, 성적 유희는 소변의 강도, 성기의 크기 등에 집중되는데 반해, 후자의 경우 아동은 이성에 고유한 사회적 태도를 보인다. 따라서 젠더 정체성에 대한 회의를 표시하는 것과 관계가 있을 수 있다. 젠더 정체성은 2세부터 사춘기에 이를 때가지 점진적으로 구성되며, 결정적인 선택은 사춘기에 정해진다. 여러 연구 작업을 통해서 젠더 정체성 장애로 고통 받는 아동 중 75%는 성인 연령에 도달하게 되면 동성애자가 되거나 양성애자가 된다는 것이 밝혀졌다.

새디즘과 매저키즘은 아동의 환상에서 일정하게 나타나며 서로 분리할 수 없다. 매저키즘은 가학적 행위에 대한 죄책감으로 인해 새디즘이 변형된 것이다. 자신에게 공격성을 돌리는 것에 해당하기에 <이차적 매저키즘>이라고 부른다. 아동의 새디즘은 리비도 단계에서 발견된다(예: 구강기의 깨물기, 항문기의 통제하기).

제4장

발달, 그리고 운동장애와 정신운동장애

Développement et Troubles Moteurs et Psychomoteurs

192

1. 괄약근 통제

1_1 발달

생후 2년 동안, 중추신경계가 성숙하면서 신경과 심리의 동시적인 성숙 작용에 의해 요도와 항문 통제 발달이 용이해진다. 요폐urinary retention와 항문보유anal retention로 인한 내부수용 감각interoceptive sensation은 소변과 대변이 지나갈 때 점액성의 느낌으로 지각된다. 소변과 대변은 자체 성애적인 쾌감을 야기한다(자신의 신체 통제와 관련된 쾌감). 괄약근 통제(보유-배출)는 타인과의 관계에서 심리적 통제를 조직한다. 이런 신체적 쾌감과 기능으로 인한 쾌감은 어머니와의 관계, 그리고 부모에 의해 이루어지는 교육과 관련이 있다. 두 가지 유형의 쾌감이 나타나는 것을 알 수 있는데, 하나는 <파괴>의 쾌감이며 또 하나는 <소유>의 쾌감이다. 이 단계에서 정신적 외상을 받게 되면 욕구 불만으로 인한 고착을 유발하고 훗날 퇴행도 일어날 수 있다(제3장 참조).

1_2 장애

유뇨증

유뇨증은 대략 10%의 아동이 증상을 보일 만큼 빈번하게 나타나며, 남아 두 명에 여아 한 명의 비율을 보이는데, 불수의적이며 무의식적인 배뇨가 일어나는 것을 말한다. 일차적 유뇨증의 경우, 배뇨를 하지 않도록 하는 것이 불가능하다. 이차적 유뇨증의 경우에는 유뇨증이 나타나지만 배뇨를 하지 않을 수 있다. 유뇨증은 대부분 야뇨증이지만 주뇨증 혹은 혼합적 형태를 보이거나, 지속적 또는 간헐적으로 나타나기도 하며, 드물게 대변실금과 결합된다 (하단 참조).

일반적으로 유뇨증은 질병이 아니라 하나의 증상으로 간주된다. 그러므로 아동의 가족 상황, 아동이 자신을 구성하고 스스로 발달해가는 방식, 또 부모-자녀 관계의 기능에 따라서 유뇨증을 재검토하는 것이 중요하다. 유뇨증은 여러 의미를 가지고 있을 수 있다. 충동에 대한 방어는 물론 충동적 만족을 나타내기도 한다. 수동적 만족감(수동적 유출 또는 축축함으로 인한 쾌감)이나 힘이 있다는 느낌을 표현하는 가운데 공격적, 가학적, 자위적 유형의 능동적 만족감을 얻을 수 있다. 오이디푸스 콤플렉스 차원에서 유뇨증은 생식기적 환상과 거세 불안에 연결되어 있을 수 있다. 그러나 처벌에 대한 욕구를 만족시키고 퇴행적 유형의 <이차적 이익>을 가져다 줄 수도 있다 (<이차적 이익>이라고 하는 이유는 직접적인 리비도적 만족이라기보다 자기보존과 관련된 자기애적 만족감이라는 것을 의미한다.). 그러나 아무리 이익이 있다고 해도 아동은 유뇨 증상으로 인해서 고통받는다. 주변의 반응이 유뇨 현상을 조장하거나 전환을 가져올 수 있다. 유뇨 증상에 대한 관용의 정도에 따라서 증상의 제거가 결정되는데 아동은 유뇨증을 멈추게 할 능력을 가지고 있다. 죄의식을 느끼게 하고 아동을 꾸짖을 경우 수치심을 유발하게 되어 증상에 대한 과잉애착을 유발하거나 아동으로 하여금 병을 유발하는 관계 모드에 들어가게 한다. 선천적 원인, 수면 깊이, 방광의 과민반응에 대한 유전학적 연구는 유뇨증을 조장하는 요소가 분명히 존재하지만 결정적인 것은 아니라는 것을 보여준다. 이 밖에도 의식적이지만 불수의이며 주간, 야간 동시에 일어나는 배뇨로 인한 실금을 일반 유뇨증과 구분할 필요가 있는데, 신경학적인 원인(척수 또는 중추 손상) 혹은 비뇨기적인 원인(감염, 폐색, 기형)으로 인해서 발생한다.

대변실금

대변실금은 괄약근 통제를 습득한 이후, 즉 3세 이후에 아무런 기관적 이상이 없음에도 불구하고 변을 가리지 못하는 것을 말한다. 대변실금은 4세에도 병리적인 것으로 보며, 남아 3명당 여아 1명의 비율을 보인다. 대변실금은 주간에 나타난다. 밤에 나타나는 경우는 예외적인 경우이며, 일차적이거나, 영구적, 혹은 단속적인 것이라기보다는 대개 이차적인 경우다. 대변실금은 보유로 인한 것이며 배변은 아동이 원하거나 더 이상 보유할 수 없을 때 일어난다.

학자 대부분은 유뇨증보다 대변실금이 보다 심각한 요인을 가지고 있다고 강조한다. 대변실금은 대부분 심각한 장애를 가지고 있고 중대한 정신병의 경우에 나타난다. 아동의 태도는 축소 혹은 부정을 동반하는 무관심, 도발적인 모습, 또는 죄책감 등이다. 보유로 인한 자기애적 양상, 대립 양상, 어머니에 대한 공격적 양상(어머니를 지배하고 배변을 통제하는 쾌감) 등도 볼 수 있다. 배변 공포증과 우울증적 징후의 사례가 관찰되며, 대부분 너무 빠른 시기에 엄격한 배변 관련 학습에 대한 반응으로 나타난다. 어머니도 우울증을 보이고 엄격한 경우가 많으며, 아동은 대변실금 행동으로 어머니를 공격적으로 대항하게 되는데, 아동의 심리성적 발달에 어머니가 <간섭>하는 것에 대한 반응으로 나타나는 것이다. 이런 방식으로 가학-피학적 관계가 생기게 된다. 이런 상황에 직면한 아버지는 어머니-아이 관계에 거의 개입하지 않으면서 무의미한 존재가 되거나 행동을 멈추게 된다.

선천성 독성 거대결장증Hirschprung disease[1], 항문-직장 기형으로 인한 항문실금, 신경증적 증상으로 인한 대변실금, 심각한 뇌질환자[2]에게서 볼 수 있는 대변실금, 기능적 거대 결장[3] 등과 혼동하지 않아야 한다.

---

1) Hirschprung disease 또는 선천성 거대결장증은 대장에서 어느 정도 확장된 부분이 늘어나는 형태로 나타나며 만성 변비, 복부팽창, 숙변(숙변에서 일어나는 정체는 체액의 흐름이 정지됨을 말한다).

2) 뇌질환은 감각, 운동, 정신과 관련된 다양한 결핍 장애를 포함하며 선천성, 유전성, 신경학적인 다양한 원인으로 발생한다. 다양한 장애가 동시에 나타나는 것을 중복장애라고 한다.

3) 거대결장은 대변이 쌓여서 발생하는 대장의 비정상적인 팽창을 말한다. 흔히 대변실금과 함께 나타난다.

2. 정신운동 기능

<정신운동성>이라는 용어는 20세기 초 뒤프레É. Dupré가 소개했다. 뒤프레는 지적 발달과 운동성 습득 사이에 존재하는 관계의 힘에 대해 강조했다. 한편 J. 아주리아게라Ajuriaguerra(1964)는 어머니와 아기 사이의 조정에서 <강화 대화>의 가치를 강조했다.

2_1 발달

정신운동성 발달이 정상적으로 진행되기 위해서는 중추신경계가 통합되어야 한다. 한편 새로운 구조 획득은 해부학적 구조의 발달에 의해서 이루어지며, 해부학적 구조의 성숙은 단계별로 일어난다. 발달에 필요한 두 가지 법칙은 다음과 같다.

- 머리에서 꼬리로

  의도적인 자세 통제는 신체의 위에서 아래로 발달한다. 눈으로 사물을 따라가기 위해서는 안근이, 머리를 가누기 위해서는 목 근육이, 앉은 자세를 유지하기 위해서는 몸통 근육이 발달해야 한다.
- 몸 중심에서 손 또는 말단으로

기저 근육은 말단 근육보다 먼저 수의적으로 조절된다. 제일 먼저 몸통의 조절 능력을 얻게 되고, 그 다음으로 팔, 마지막으로 손과 손가락을 조절할 수 있게 된다.

발달이 위의 두 법칙에 따라서 정확하게 이루어지지 않을 경우 관찰대상은 장애로 고통 받을 수밖에 없다.

차별화 법칙은 대근육 운동에서 소근육 운동으로 발달이 이루어지는 것을 가리킨다. 전반적으로 3개월 가량 되었을 때 머리를 가눌 수 있으며, 앉는 자세는 6개월에서 시작해서 8개월 내지 9개월이 되었을 때 안정적이 되고, 일어서기는 8개월에서 9개월 사이에 시작해서 10개월 내지 12개월이 되었을 때 가능해진다. 정신운동성 단계는 동일한 순서로 일어나지만 각 단계가 출현하는 시기는 개인적 차이를 보인다는 것을 기억해두는 것이 중요하다. 진행, 정체, 퇴행을 자주 볼 수 있다. 이들을 통해, 정상적 양상이 변이를 보이는 것인지, 아니면 퇴행과 병리적 부조화를 보이는지 판단할 수 있다.

일반적으로 0세에서 2세 사이의 발달과 2세 이후의 발달을 구분한다. 영아가 보이는 반응의 대부분은 수의적이고 능동적인 의식적 조절을 동반하지 않는 시원적 반사행동이며, 처음 6개월 동안 사라지며 적응의 의미를 갖는다. 이런 반사행동이 발달하고 사라지는 것은 성숙이 훌륭하게 진행되고 있다는 징후가 되며, 계속 남아있다면 신경학적 장애가 있음을 보여줄 수 있다.

모로 반사 또는 <포옹 반응>은 다음과 같이 나타난다. 양팔을 좌우 대칭으로 벌리고 검지와 엄지를 제외한 나머지 손가락을 펴며 머리는 뒤로 젖힌 다음 다시 팔을 모은다. 6개월에서 7개월이 지나도 모로 반사가 남아있으면 병리적인 것으로 보아야 한다. 설근 반사rooting reflex 또는 젖 찾기 반사는 아기가 유두를 찾을 수 있도록 하며, 빨기와 삼킴 반사가 계속해서 나타나며 3주차가 되면 사라진다. 모로 반사와 설근 반사는 어머니가 만드는 관계 차원에서 어머니-아기의 상호 작용에 매우 중요한 영향을 준다. 이처럼 시원적 반사(예: 팔을 자동적으로 벌리기)로부터 어머니는 아기가 팔로 안아주기를 원하고 있다는 것을 이해할 수 있게 된다. S. 르보비치Lebovici와 R. 디아트킨Diatkine (S. Lebovici와 M. Soulé, 1970 참조)은 <창조적 예견>이라는 말로 어머니의 의도가 정신적 생활과 상호 주관성을 만든다고 설명한다. 자동보행 반사는 탄생과 동시에 나타난다. 아기의 겨드랑이를 잡아주면 직립 반사가 나타나는 것을 볼 수 있다(족저부 압력 역시 나타날 수 있다). 이 반사는 4개월에서 5개월이 되면 사라진다. 파악 반사도 나타나는데 손바닥이나 손가락 안쪽에 자극을 주면 손가락을 굽히는 것을 볼 수 있으며 2개월에서 3개월이 되면 사라진다. 강직성 굴곡근 반사는 움켜잡기가 나타나도록 하는데 생후 1년까지 지속된다.

근육 긴장 차원에서 영아는 사지에 과도한 긴장을 보인다. 이런 긴장과도는 18개월경에 줄어든다. 유연성과 신장성은 운동, 평형 발달을 증진한다. 한편 8-9개월이 되면 축 근긴장저하가 나타나게 되고, 이후 자세의 발달을 돕는 몸체 근육의 긴장 통제가 나타나게 된다(머리 통제, 등 세우기). 잡기는 운동성 발달에 따라서 나타나는데, 5개월경에 손을 그러모을 수 있게 되며, 6개월경에는 손가락-바닥 붙잡기를 관찰할 수 있다. 9-10개월경에 아동은 꼬집기를 시작한다. 잡기를 통해 아동은 물체를 잡은 다음 조작할 수 있게 되는데 이때 손은 입의 연장이 된다.

운동 발달은 아동으로 하여금 어머니와의 거리를 멀어지게 하거나 가까워지게 하는 운동을 스스로 조절할 수 있도록 하면서 자율성을 확장하게 한다. 자아의 조직화는 이러한 중요한 단계와 관련이 있다. 3개월경에 아동은 쾌감을 동반하면서 자신의 눈 앞에서 손을 움직일 수 있게 되며, 5개월경에는 몸을 일으킬 수 있게 된다. 6개월경에는 기기 시작하며 12개월경이 되면 걷게 된다. 여기서도 역시 개인차가 크다. 운동성 통제는 점진적으로 발달하고 편측 우위성이 확립된다. 아동은 한쪽 방향, 대부분 오른쪽을 선호한다. 특히 손은 물론 발과 눈에서도 이런 현상이 나타난다. 오른손잡이의 경우 좌뇌가 우세하다는 것을 관찰할 수 있다. 왼손잡이의 경우 이런 현상이 보다 복잡한데, 실어증의 경우 좌뇌 병변 혹은 우뇌 병변이 나타나기 때문이다. 일부 아동은 양손잡이로 남는다.

신체 도식과 신체 이미지를 구분한다. 신체 도식은 신경학적 시각에서 바라보는 것이며 신체 이미지는 신체와 피질 통합(운동 감각적 데이터)의 표상이다. 아동은 자신의 신체의 여러 부분을 인식한 다음 타인 신체의 다양한 부분을 인식한다. 3세경에 아동은 <사람> 그림으로 자신을 표현하기 시작할 수 있으며, 그림 속 표현 능력은 점차 개선된다. 신체 또는 <체험한> 신체, <주관적으로 느낀> 신체 이미지는 부모의 리비도 투여에 따라서 자신의 신체에 리비도를 투여하는 것을 말한다. 시공간 조직은 운동감각과 시각 경험과 관련이 있다. 신체가 주요 상수가 되어 아동으로 하여금 6세 이전에 습득하게 되는 고-저, 앞-뒤, 위-아래 같은 기본적 개념을 구성할 수 있도록 한다.

이런 다양한 능력을 습득함으로써 읽기와 쓰기를 학습하는 데에 반드시 필요한 사전능력을 얻게 되며 시간성과 리듬 개념을 갖출 수 있게 된다.

2_2 장애

정신운동 지연

자세 습득과 긴장과도 유형의 긴장성 장애 지연과 관련된 것을 말한다. 정신운동 지연에는 여러 원인이 있다. 중추신경계 장애로 인한 신체적 원인, 정신적 또는 유전적 결함의 경우에는 지능 차원에서 원인을 찾아볼 수 있다. 정신적 원인은 초기 정신 장애[4]와 초기 정서 결핍[5], 두 가지라고 할 수 있다. 초기 정신병의 징후는 3개월 차에 미소가 나타나지 않거나, 4개월 차에 예측 능력이 부재하거나, 시선이 공허하고, 식이와 수면에서 초기 장애가 나타나는 것으로 특징지을 수 있다. 양적 초기 정서 결핍(분리, 수용 포함)과 질적 결핍(어머니의 보살핌에 장애가 있음)은 유아기에 경험한 모성적 보살핌의 결핍을 가리킨다. 이런 상황은 정서 발달 지체를 초래하고 발달 지체는 아동기나 청소년기에 지각하게 된다.

---

4) 결핍성 조기 정신증psychose précoce déficitaire은 정신병의 진전으로 인해서 치료적 노력에도 불구하고 정신적 장애가 계속 진전되고 두드러진다는 점에서 바람직하지 않은 정신병을 가리킨다. 사회화가 발달하지 않으며 취학이 가능하지 않다. 임상양상은 정신지체와 유사하지만 동일하지 않다. 오히려 정서적, 인지적, 사회적 발달이 결정적으로 경직되는 정신병과 유사한 진전 양상을 보인다.

5) 초기 정서 결핍은 어머니의 보살핌을 받지 못한 아동의 상황을 가리키는데 질적, 양적, 또는 동시에 두 가지 모두의 결핍일 수 있다.

정신운동 불안정성

<과잉운동 증후군>이라고도 한다. 진단을 받으러 오는 사례 중에 흔하게 볼 수 있다. 취학 아동의 10%에 달하며, 불안정한 아동 대다수는 남아이다(75-90%). 이 증후군은 모든 사회적 계층에 동등한 비율로 나타난다. 정신운동 불안정성을 보이는 아동은 계속해서 어떤 행동을 하며, 잠시도 주의를 집중시키지 못하고 지속적인 활동을 수행할 수 없고 주변의 사람들을 지치게 만들기 때문에 대개 배척 받는다. 2-3세 아동이 어느 정도 불안정성을 보이는 일은 흔히 볼 수 있다. 불안정성 증상은 주변 사람들을 견딜 수 없는 상태에 놓이도록 하며, 아동에게 나이에 해당하지 않는 행동을 요구하게 된다. 이 증상은 단독으로, 혹은 언어장애, 성격 장애와 함께 광범위한 임상양상 속에 포함시킬 수 있다.

기본적으로 두 가지 증상이 존재한다. 정신운동성 흥분과 주의력 장애가 증상으로 나타나며 행동 차원에서 충동성, 흥분 반응성, 정서적 불안정성, 더 나아가 학습 장애까지 초래한다. 불안정성은 간질, 신체적 질병, 감각 결핍(실명, 난청) 등의 경우에도 나타난다. 주의력 장애의 원인은 정신적인 것이며 불안감 우울증과 관련이 있다.

불안정성은 불안감과 분리감에 대한 방어로 간주할 수 있으며, 특히 초기 관계에서 왜곡을 경험했거나 안정적 대상관계를 형성할 수 없었던 아동에게서 나타난다.

정신운동성 억제

대개 신경증적 임상양상의 행동적 표현으로 나타나며, 따라서 정신적 억제에 가깝다. 메타 심리학적 차원의 지적 억제(제3장 2-2 참조)에서 관찰된 것과 상당히 유사하다.

편측성 장애

편측성이 지체되거나 균일하지 않은 것은(눈, 손, 발) 대부분 시공간 조직이 잘못되었거나 신체 도식의 표상이 잘못된 경우와 관련이 있다. 글쓰기 학습에서 어려움을 겪는 원인이 될 수 있으며, 그럴 경우 <통합운동장애>라고 한다.

틱

하나의 근육 또는 하나의 근육 그룹에 타격을 주면서 갑작스럽게 반복적으로 억제할 수 없는 불수의적인 움직임이 나타나는 것을 말한다. 얼굴, 몸통, 사지, 호흡근에 영향을 줄 수 있다. 6-7세경에 시작되며 다양한 진전 양상을 보인다. 가장 중요한 형태는 틱장애, 또는 <뚜렛 증후군>이다. 틱은 상동증과 부정맥으로 인한 무도병(근육 수축과 경련이 나타나는 신경 질환)이나 무정위 운동증(특히 말단 부위에 느리고 파상적인 불수의적 움직임으로 나타나는 신경 질환) 같은 비정상적인 움직임과 구분해야 한다. 성격과 가족 역동에 대한 전반적 검사가 필요하다. 틱 증상은 강박관념에서 발견할 수 있다.

제5장

발달과 주요기능 장애

Développement et Troubles des Grandes Fonctions

192

1. 수면

1_1 발달

영아의 각성 시간과 수면 시간 배분[1)]은 어른과 다르다. 밤과 낮이라는 구분이 아직 명확하지 않으며 대부분 낮 시간 동안 대략 7-8개의 각성 주기가 생긴다. 수면 시간이 긴 것은 영아에게 잠자는 시간이 많이 필요하기 때문이다. 개인차가 상당히 크지만[2)] 점차 수면 시간이 줄어들어서 1세에서 3세 사이에 16시간에서 13시간 잠을 자는 것을 관찰할 수 있다. 10세에서 18세 사이에 9시간 정도로 정착되며, 18세 이후 7-8시간 정도의 정상적 수면 시간이 자리를 잡는다.

다양한 수면 단계는 전기 생리학적 기준으로 설명한다[3)]. 각성-수면 리듬은 출생 후 몇 주 동안 세 시간에서 네 시간 주기로 구성된다. 이 단계 이전에는 밤 중에 잠을 깨는 것이 정상이다. 2개월과 4개월 사이에 안정화 과정에 따라서 불면 유형의 간격이 만들어진다.

수면은 단지 신경생리학적 기능에 국한된 것은 아니며 모성적 보

---

1) 각성-수면 주기, 또는 각성/수면 사이클은 24시간을 주기별로 나눈 것이다.
2) 수면 장애에 대한 평가에서 L. Kreisler(1981)는 개인 차이를 고려할 것을 강력하게 주장했다.
3) 전기 생리학적 기준은 수면의 구조적 조직을 규명한다.

살핌의 질과 긴밀하게 관련되어 있다. 어머니와 지속적으로 정서적인 교류를 갖는 것은 생체항상성 조절을 좌우하며 흥분상태, 활동과 휴식 주기를 정확하게 나눌 수 있도록 한다.

1_2 장애

영유아기 자녀를 둔 부모들이 가장 많이 그리고 자주 호언하는 어려움은 아이가 잠들기 어렵고, 자주 깨어나 울고, 일어나기 힘들어한다는 부분이다.

환경적 요인과 상호작용 요인은 수면 장애의 원인이 될 수 있다. 아동의 연령과 정신 구조화 역시 수면 장애가 있는지 판단하는 데 중요한 기준이 된다. 유아의 불면은 가족 전체를 심각한 혼란에 빠뜨린다. 그런데 부모가 아기의 불면으로 격앙되면 초기 문제가 되었던 점을 과장할 위험이 있다. 생후 6개월 동안 나타나는 불면증은 일관성이 없고 적절하지 못한 부모의 태도와 관련이 있다. 생후 2년 차에 나타나는 불면증은 분리 불안을 통제하는 데에서 느끼는 어려움과 관련된다.

불면증

불면증은 유아의 임상에서 가장 중요한 위치를 차지하며, 불안성 불면증과 조용한 불면증 두 가지 유형으로 구분된다. 불안성 불면증의 경우 아동은 소리를 지르고 몸을 움직이게 되는데 심각한 상태에 도달할 수 있다. 머리를 주먹으로 때리거나 침대에 머리를 부딪치는 상태까지도 보일 수 있다. 조용한 불면증의 경우 아동은 잠이 깬 채로 눈을 뜨고 움직이지 않으며, 멍한 상태로 있고, 어머니를 찾지도 않으며, 놀지도 않는다. 이런 행동은 심각한 장애가 있음을 알리고 있다는 점에 주목할 필요가 있다. 이런 경우 대개 소아 정신병 증상이라고 볼 수 있다. 상태가 점점 악화되는 것을 보여주는 징후는 크게 흥분하는 것과 불면증 상태가 늘어나는 것이다.

제일 먼저 불면증에 대한 기질적 원인이 있는지 찾아보아야 한다. 즉, 급성 또는 만성, 일반적 또는 신경학적인 원인 중 어떤 원인으로 인한 것인지 알아야 한다. 밤에 수유를 지나치게 빨리 중지하거나, 적절하지 않은 수유 시간, 젖을 물리는 시간이 부족한 경우처럼 잘못된 식이(수유가 부족하다든가 과도한 경우)가 원인이 될 수 있다. 특히 아동의 요구와 모성적 반응 사이의 부적합성으로 인해 생기는 위험이 있을 경우 매우 중요하다. 초산부일 경우 경험이 없어서 또는 정신병리학적으로 장애가 있을 경우 아동을 진정시키는 데에 어머니가 느끼게 되는 어려움도 측정해 보아야 한다. 부모의 성격 및 정신병리와 관련된 우울감, 양육자로서 느끼는 유능감, 부모가 아이와 심리적으로 느끼는 거리의 정도인 애착, 부모 역할에 대해 상대 배우자로부터 정서적인 지지를 얼마나 받고 있는지도 살펴보아야 한다. 또 수면에 드는 데 장애가 있는 것과 수면 도중 장애가 발생하는 것을 구분하는 것이 필요하다.

• 수면에 들 때 장애가 있는 경우

일반적으로 아동은 잠자리에 들거나 잠자는 것을 거부하는 경우가 있다. 그러나 그런 행동은 가족 행사가 있다든가 지나치게 흥분한 상태, 불안감, 행사에 참여하고 싶은 욕구 등이 있을 경우에 나타난다. 잠자기를 반복적으로 거부할 경우 장애가 있다고 할 수 있다.

– 수면 거부. 2세에서 4세 사이에 흔히 볼 수 있으며 대개 부모에 대한 반대의사를 표현하는 것이다. 잠자리에 드는 것을 거부하고 계속 몸을 일으키거나 부모의 침대에 눕는 아동의 행동은 일반적으로 울음과 눈물을 동반한다.
– 수면 불안(또는 잠이 드는 것이 부모와 분리되는 두려움으로 표현되는 경우). 악몽을 꾸거나 밤의 어두움에 두려움을 느끼기 때문에 잠자는 것에 불안감을 느낄 수 있다. 어두움에 대한 두려움은 2-3세 경에는 수면 의식만큼 흔히 볼 수 있는 것이다.

• 수면 도중에 장애가 발생하는 경우

불안감으로 인해서 수면 도중에 장애가 일어나며 다음과 같은 다양한 형태로 가장 심각한 상태를 표현한다.

– 어두움에 대한 두려움은 아동에게 울음과 고함을 유발하는데, 마치 두려움을 주는 이미지와 대항해서 싸우는 것처럼 보인다. 부모가 함께 있어도 완벽하게 아동을 진정시킬 수 없으며 아동과의 접촉이 어렵다. 동시에 땀, 심장박동 이상 증가, 호흡곤란 같은 다양한 신체적 현상을 관찰할 수 있다. 아동은 자신이 겪은 일을 전혀 기억하지 못한다. 이러한 공포감은 일회성이든 아니면 반복적인 것이든 대개의 경우 유뇨증과 결합해서 나타나며 몽유병 증상과도 함께 나

타난다.

- 악몽을 꾸는 것은 두려움에 차서 잠을 깨는 것으로 표현된다. 아동이 울고 부모를 부르며 어른이 옆에 있으면 상당히 쉽게 진정된다. 악몽은 2세에서 6세 사이에 흔히 나타난다. 6세 이후에도 악몽을 꾸는 것은 심각한 질병이 있다고 알려주는 것일 수도 있다.
- 몽유병은 대부분 유뇨증과 함께 나타난다. 아동은 잠자리에서 일어나서 시선을 고정시킨 채 돌아다니고 나서 다시 잠자리에 든다.
- 잠꼬대는 수면 동안 말하는 것이다.
- 이갈이 또는 이 가는 버릇

여러 심리내적 갈등이 아동 발달에서 나타날 수 있으며 원인 대부분은 수면 장애에서 찾아볼 수 있다. 이런 수면 장애가 나타날 경우 부모가 지나친 반응을 보일 위험이 있다.

수면과다

수면과다는 매우 희귀한 경우이며 주로 연령이 높은 아동과 청소년에게서 나타난다. 주로 다음 두 가지 형태로 나타난다.

- 기면증[4]은 갑작스럽고 참을 수 없는 렘수면 상태가 찾아오는 것이다. <젤리노Gelineau 증상>이라고 불리는 갑작스런 수면 상태를 동반

4) 기면증은 병리적으로 극단적인 욕구다.

하는 탈력발작cataplexie[5]과 함께 주로 나타난다.

–청소년의 수면과다증은 주로 발달에서 매우 중요한 청소년기 동안 심리내적 갈등에 대한 방어기제가 된다.

5) 탈력발작은 정서의 영향 아래 긴장을 갑작스럽게 상실하는 것으로, 짧은 시간 동안 지속되며 의식 장애를 유발하지 않는다.

2. 섭식

2_1 발달

섭식 기능은 아동으로 하여금 생명 유지에 반드시 필요한 생리적 욕구를 충족시킬 수 있도록 한다. 또한 어머니의 젖을 빨아서 생기는 자극과 입과 인후 속으로 모유를 삼키는 것을 통해 쾌감을 얻는다. 어머니의 얼굴을 바라보고, 접촉하고, 안겨서, 어루만지는 것도 동반한다. 섭식 기능은 어머니-아동 관계에 달려있다. 대부분 섭식기능을 통해 초기 어머니-아동 관계의 변화가 표현된다.

2_2 장애

아동 거식증

아동 거식증은 심리적인 원인으로 발생하며 식욕 상실로 볼 수 있지만 좀 더 특별한 점은 식사 거부다. 기질적인 원인으로 인한 거식증은 제외해야 한다. 다음과 같이 여러 거식증 형태를 구분할 수 있다.

• 일차적 거식증은 섭식 거부를 말한다. 거식증을 보이는 유아는 젖을 빠는 방법을 모르고, 젖을 찾지 못하거나 고개를 돌린다. 생후 초기부터 수동적인 태도와 빨리 잠이 깨는 것이 관찰된다. 이런 유형의 거식증은 기질적 증상을 가지고 있는지 생각해 보아야 한다. 치사에 이르게 될 수 있으며 때로는 집중적 소생술을 필요로 하게 된다. 정신질환이 있는 아동의 병력에서 흔히 볼 수 있다.

• 생후 6개월 사이에 나타나는 거식증은 일차적 거식증보다 심각하지 않으며 가장 자주 볼 수 있는 형태의 거식증이다. 5개월에서 8개월 사이에 제일 많이 발생한다. 이유離乳가 원인이 될 수 있으며 신체적 질병이 있는 경우에도 거식증이 나타나는 것을 관찰할 수 있다. 아동이 섭식을 허용하고 입을 벌리고 있지만 삼키지 않고 음식물이 흐르게 내버려둔다면 수동적인 거부에 해당한다. 아동이 입을 꽉 다물고 음식물을 거부하면서 울면 적극적인 거부라고 할 수 있다. 이런 음식물 거부에 대해 어머니는 다양한 형태로 아동이 먹게 할 수 있도록 노력한다(달래기, 강요 등). 아동이 음식물 섭취를 거부하면 아동에 대한 어머니의 두려움이 더욱 강화되며 어머니의 자기애에 상처를 입힐 수 있다. 이런 악순환은 만성적인 것이 될 수 있다. 이런 형태의 거식증은 어머니-아동 관계의 장애에 대한 표현일 수 있으며, 특히 아동이 다른 사람과 함께 있을 때 정상적으로 먹는다면 더욱 확실하기 때문에 어머니가 무능력하다고 느끼는 것이 강화된다. 또한 어머니의 정신병리학적 장애(공포증, 강박증, 불안증, 우울증)도 고려해야 한다. 초기의 구조적 차원에서 일부 아동이 가지고 있는 특징으로 인해서 반동적

인 심리적 태도가 만들어지게 된다. 또한 수태, 임신, 부부의 현재와 과거 상황을 둘러싼 삶의 여러 사건과 관련해서 아기에 대한 애착의 문제점도 고려해보아야 한다. 초산부의 경우 어머니 역할을 적절하게 습득하지 못한 것 역시 요인이 된다. 거식증은 대부분 수면 장애 또는 오열을 동반하는 경련과 함께 나타난다. 성격장애 또는 학습장애와 같은 후유증을 남길 수 있다.

- 2차 아동기 거식증은 30개월 이후에 나타나며, 매우 드물게 나타나지만 아동의 생명을 위험에 빠뜨리는 것은 아니다. 불안정한 섭식 변덕과 관련된 반항적 태도와 관련이 있다.

구토

잦은 심인성 구토와 감염으로 인한 것이거나, 신경증적 또는 소화기와 관련된 기질적 구토를 구분해야 한다. 심인성 구토는 흔히 거식증이나 수면 장애와 결합되며, 무의식적으로 발생하거나 의식적으로 유발될 수 있다(입 속에 손가락 넣기, 횡경막 수축). 특별히 증상이 심각한 경우에는 급성 탈수증을 동반할 수 있다.

대부분의 경우 가족의 역동을 고려함으로써 구토 증상이 어떤 의미를 가지고 있는지 알아낼 수 있다.

반추증

반추증은 인두와 흉부-배-횡경막 근육을 이용해서 위 속의 음식물을 다시 입 속으로 역류시켜서 되새김질 하는 것을 특징으로 한다. 반추증은 매우 드물게 나타나며, 생후 6개월에서 1년 사이에 나타나고 남아가 더 자주 이런 증상을 보인다. 반추증을 보이는 아동은 몸을 구부리고 있으며, 시선은 공허하고, 사람들에게 관심을 보이지 않고 오직 먹은 것을 되새김질하는 활동에만 집중한다. 반추증은 반드시 아동이 혼자 있을 때 나타난다. 처음에는 이런 장애가 정서적 결핍을 보이는 입원 아동에게서 나타나는 것으로 알려졌지만 어머니와 함께 생활하는 아동도 질적 차원에서 정서적 결핍이 있는 경우 반추증을 보이게 된다.

생후 3개월 안에 나타나는 특발성 복통

어머니와 아기가 병원에서 집으로 돌아온 다음 8일에서 10일 사이에 나타난다. 특발성 복통이 있을 경우 아기가 젖을 먹고 나면 울고, 몸이 아프다는 느낌을 받는다. 일반적으로 어머니가 아동에게 젖을 주면 잠잠해지고, 그런 다음 다시 울기 시작한다. 이런 행동은 어머니가 아기의 욕구를 잘 이해하지 못해서 일어나는 것으로, 아기의 울음에 젖을 주는 것으로만 반응하기 때문이다. 그러나 이런 장애는 가벼운 증상으로 3개월이 되면 사라진다.

폭식증

폭식증은 매우 이른 시기에 나타나는 경우가 많으며 섭식에 대한 참을 수 없는 섭식충동을 말하는 것으로 아동기와 청소년기 전반에 나타날 수 있다. 어머니는 음식물을 통해서 애정을 아동에게 표현하며 아동은 거기서 불안감에 대한 응답을 발견한다. 폭식증은 충동적인 측면을 보이며 발작에 의해서 나타나는 이상 식욕항진과 다르다. 폭식증은 거식증을 보이는 청소년과 비만 아동에게서 주로 관찰되지만 음식이 착란을 일으키는 요인이 되는 정신병적 행동에서도 나타난다.

섭식 이상

이식증pica은 라틴어 <까치pie>, <잡식성 새>에서 유래했다. 아무거나 닥치는 대로 먹는 행동을 하는데 흙이나 연필, 종이, 못, 주위에 있는 것은 무엇이나 음식물이 아닌 것을 삼킨다. 4개월에서 10개월 사이에 이 같은 섭식 이상 증상이 나타날 수 있으며, 이런 행동은 탐색과는 아무런 관련이 없다. 심각한 정서 결핍, 정신지체, 모자 관계에 심각한 장애를 동반하는 정신병 등 심각한 성격 장애가 있을 경우에 이런 행동을 보인다.

식분증 또는 배설물 섭취는 거의 보기 어렵다. 배설물을 가지고 장난을 치는 것은 2세에서 4세 사이에는 정상적인 행동이지만, 곧 아동은 배설물이 혐오감을 주는 것이라는 사실을 알게 된다. 이 연령을 지나서도 배설물에 애착을 보인다면 현실, 자신, 자신의 신체, 타인 그리고 더욱 특별하게는 어머니와의 관계에 심각한 장애가 있는 것으로 여길 수 있다. 영유아의 기질, 양육자의 정신운동장애, 양육자와 자녀의 관계(불안정 애착), 가족환경(가족기능장애) 등의 요인들도 영향을 줄 수 있다.

3. 언어

3_1 발달

의사소통에 대한 욕구는 언어 습득에 반드시 필요하다. 이런 의미에서 언어는 단순히 하나의 도구로서만 연구할 수 있는 것이 아니다. 언어는 아동의 자아 조직화에 대한 구조적 기능이 된다. 의사소통 방법으로의 언어는 진정한 의미에서 언어적 단계가 시작되기 전에 이미 존재한다. 언어 습득은 특히 아동이 주변과 맺는 관계에 복잡하게 얽혀있다.

언어 습득 조건

심리언어학자의 연구를 보면 모든 아동에게서 동일한 단계가 연이어 나타나는 것을 잘 알 수 있다. 언어와 언어 발달에 대한 수많은 이론은 몇 가지 점에서 서로 일치한다.

- 생체 기관의 성숙은 언어 습득에 반드시 필요한 여러 도구를 갖추도록 한다.
- 언어 습득에 유리한 시기(생후 3년 동안)가 있으며 이 시기는 발육 요인에 따라서 달라지고, 이 시기가 지나면 언어 습득의 용이함은 훨씬 줄어든다.

- 개인차가 있지만 언어는 모든 아동들에게서 매우 유사한 시기에 나타난다(8개월에서 20개월 사이에 처음으로 단어들을 말하기 시작하며, 75%가 12개월에 말을 시작한다). 발달 단계는 상당히 일정하게 나타난다. 그러나 언어 습득에 장애가 있는 경우 상당히 큰 차이가 생길 수 있다.
- 여러 언어 수준과 운동성 발달이나 정서발달 수준 사이에는 엄격한 대응관계가 존재하지 않는다. 그런데 최근 정서발달과 언어발달의 상호의존 관계에 대한 관심이 높아지고 있다.
- 언어 습득 능력은 유전적으로 가지고 있지만 언어는 사회적 환경과 상호적 교환, 그리고 모자간 초기 교류에 의해서만 형성된다.
- 청력은 정상적이어야 한다. 말하기 위해서는 들을 수 있어야 하기 때문이다. 심각한 청각둔화(70dB 이상에서 청력 상실)가 있으면 자연스럽게 말을 배울 수 없다.
- 발성 능력이 정상적이어야 한다. 발성 기관이 말하는 데 필요하기 때문이다.
- 중추신경계가 정상적으로 기능해야 한다. 한쪽 두뇌 반구의 초기 손상은 좌뇌 반구라고 해도 아동의 언어 습득에 변화를 초래하지 않는다. 뇌 손상이 언어 습득 이후에 발생할 경우 85%는 좌뇌 손상에 의한 실어증, 15%는 우뇌 손상에 의한 실어증이 생길 수 있다. 이런 실어증은 쉽게 회복되는데 아동에게는 두 반구의 동등 잠재력이 있기 때문이다.
- 주변, 특히 어머니와의 초기 상호 교류가 기본이 된다. 어머니의 보살핌을 받는 가운데 <언어 몰입>이 집중적으로 이루어진다. 정서적 조율(D. Stern, 1985)은 비언어적 의사소통이며 언어 습득을 용이하게 한다.

주위의 여러 물체가 아동의 사고 속에 존재하기 시작하는데 어머니가 그 물체의 이름을 부르면서 존재하도록 만들기 때문이다. D.W. 위니코트Winnicott는 이런 현상을 밝혀내면서 대상 제시object presenting라고 불렀다(1969).

– 사회문화적 제반 요인은 아동의 언어에 영향을 준다.

전언어기와 언어기

전언어기와 언어기 동안 언어 습득 발달을 소개한다.

• 전언어기

0세에서 10개월 사이를 말한다. 첫 번째 단어를 말하게 된다는 것은 아동이 이미 음운론적 시스템의 일부를 습득하고 있다는 것을 가정할 수 있다. 여러 언어 습득 단계 사이에서 볼 수 있는 불연속성은 과거에 생각했던 것보다 크게 중요하지 않은 듯하다. 전언어기는 고함, 재잘거림, 옹알이 등으로 특징지어진다.

– 고함(0-2개월)은 아동이 내는 첫 번째 소리다. 목소리를 내는 활동의 가장 기본적인 형태를 말하며 울음과 자율 신경계로 인해서 나는 소리를 포함한다. 어머니는 기본적 욕구와 관련해서 아동이 지르는 소리를 구분할 수 있으며 재빨리 욕구의 유형(배고픔, 부르기, 통증)을 이해할 수 있게 된다는 점을 명확하게 할 필요가 있다.

– 재잘거림은 종알거림이라고도 불린다(대략 2-4개월). 날카롭게 소리를 지르는 것과 비둘기가 내는 것 같은 소리로 구성되어 있다. 아동은

말에 해당하지 않는 소리를 내지만 어머니는 무슨 뜻인지 이해할 수 있다고 생각한다. 재잘거림은 행복감을 느끼거나 휴식을 취하고 있을 때 낸다. 수유 후에 이런 소리를 낼 수 있으며, 노래를 듣는 도중 또는 다른 사람과 관계를 갖거나 시각적 활동, 또는 물체를 탐색할 때 이런 소리를 낼 수 있다.

– 옹알이는 재잘거리기 또는 혀 짧은 소리라고도 부른다(대략 4-8개월). 아동은 모음과 자음으로 만들어진 소리를 반복하며 그렇게 함으로써 음절로 구성된 소리 체인을 구성한다. 특히 주변과 소리를 내어 상호작용을 한다. 반향어적인 방법으로 주변의 소리를 반복하는데, 어머니가 쾌감을 주는 상호적 관계 속에서 아기의 소리를 반복하는 것도 마찬가지다. 다소 조화를 이루는 이런 상호적 놀이는 언어 습득에 기본이 되며 6개월 때부터 혀는 아동의 소리 활동에 대한 영향력을 전달한다.

• 언어기

이 시기는 단어와 문장, 그리고 문장 구성법의 출현으로 특징지을 수 있다.

– 첫 번째 단어는 10-12개월경에 나타난다. 아동은 말을 이용해서 소리를 내기 위해 재잘거리는 소리를 포기한다. 아동은 단어를 사용함으로써 물체나 활동을 가리킬 수 있게 되며 자신의 감정을 표현할 수 있게 된다. 첫 번째 단어 습득은 8-20개월 사이에 이루어진다.

– 한 단어 문장은 12-18개월경에 나타난다. 단어 하나로 한 문장 전체

를 의미할 수 있다. 이런 한 단어 문장은 상황적 맥락과 관련되어 있으며 아동과 물체의 연결을 구성한다. 운율 요소는 관계의 정서적 성격을 가리킨다(슬픔, 두려움, 쾌감, 욕구).

–두 단어 문장은 18-24개월경에 나타나며 언어 발달에 있어서 첫 번째 구문 방식이 나타나는 것으로 볼 수 있다. 이런 문장은 두 단어를 나란히 배치하는 것이다(<엄마 가자>, <아기 자자>). 두 단어 문장 다음에 세 단어 문장이 나타나게 되며, 이런 방식으로 계속 진행된다.

–문장 구성은 2-3세 사이에 나타난다. 단어가 풍부해지고, 처음에는 동사의 시제를 무시하지만, 주어 동사 보어로 구성되는 문장의 구성 방식이 점점 더 발전하는 언어 습득 과정을 보여준다. 품질 형용사, 상황보어, 접속사구 등이 이어서 나타나게 된다. 2세와 3세 사이에 언어 발달이 폭발적으로 일어난다.

–<나>의 출현은 3세경에 이루어지는데, 질적(문장 구성 능력) 양적(언어 보유량) 차원에서 언어를 자유롭게 구사할 수 있게 되는 것과 결합해서, 아동이 자신의 정체성을 인식하는 데에 중요한 단계가 된다. <나>를 습득하는 것은 소아 정신병 같은 성격 구성에 있어서 심각한 장애가 있을 경우 문제가 된다는 점을 주의해 둘 필요가 있다.

–말을 자유롭게 구사하는 것은 5-6세가 되기 전에는 힘들다. 이 시기가 되면 아동의 단어가 풍부해지고 문장이 복잡해지며 기본적인 문법 원칙을 포함시키게 된다.

3_2 장애

언어 장애로 인해서 진료를 받게 되는 경우가 많다. 우선 청각장애처럼 기질적 원인으로 인한 장애와 구분할 필요가 있으며 전체적인 평가가 반드시 필요하다.

종합적인 발음 평가를 통해서 이해력과 표현력 수준에 있어서 말의 특징이 무엇인지 정확하게 알 수 있다. 심리학적 종합평가는 아동의 성격이 보이는 특징과 기능이 무엇인지 밝혀준다. 임상 면담을 통해 모자간 초기 관계는 물론 부모의 말과 의사소통에 대한 에너지 투여와 그 방식을 설정할 수 있게 된다. 이렇게 함으로써 발달에 특이한 점이 있는지, 중요한 병리를 보이는 가운데 언어 발달에 중요한 장애(진행성 부조화, 정신병, 유사 정신병, 초기 정신병)가 있는지 밝힐 수 있게 된다.

기질적 장애

다음과 같은 종류로 구분한다.

- 청각 장애 : 전체적 청각 손상을 가지고 있을 수 있으며(선천성), 말이 없게 되기 때문에 보청기나 특별한 재활교육을 받아야 할 필요가 있다. 청각 장애가 부분적일 수도 있으며(선천성 또는 후천성), 그럴 경우 언어 장애가 발생할 가능성은 가청 주파수에 달려있다. 또한 이 경우에는 보청기와 언어 재활교육을 실시할 필요가 있다.
- 뇌손상 : 모든 유형의 두개골 손상은 실어증 같은 언어 장애를 일으킨다. 그러나 아동의 뇌손상이 언어 습득 이후에 일어날 경우에만 실어

증에 대해서 논할 수 있다. 언어 회복은 놀라울 정도로 빠르게 일어난다. 뇌성마비는 운동 제어 기능에 손상을 입은 것을 말하며 운동 불능 상태를 초래할 수도 있다. 그럴 경우, 발성과 조음 기능에 영향을 주기 때문에 말을 할 수 없게 된다.

– 발성 기관 손상 : 해부학적이거나 (예: 구개열) 기능적인 원인 (예: 뇌성마비 환자의 운동 제어 손상)으로 인한 것일 수 있다.

조음 장애

조음 장애에는 두 가지 유형이 있다 : 조음 지체는 음소(말을 구성하는 소리 단위)가 습득되지 않는 것이며, 조음 결함은 음소가 습득되지만 발음을 틀리게 하는 것이다. 조음 장애는 몇 가지 음소의 발음에 영향을 주며, 해당 음소는 다른 음소로 교체되거나, 변형되거나, 빠뜨리게 된다. 주로 자음, 특히 협착음(f, v, ch, z, j)에 영향을 주며, 시그마티즘(다양한 유형의 s음 발음 장애)을 유발한다.

– 치간성 시그마티즘(혀끝의 위치가 잘못되어 혀 짧은 소리가 난다)은 [ch] 발음이나 [j] 발음에 영향을 준다. 예를 들어, <나는 감자칩을 좋아해>를 <나는 감자십을 좋아해>라고 발음하는 경우를 볼 수 있다.
– 설측음 시그마티즘(공기가 샘)은 [ch], [j], [s], [z] (이와 뺨 사이에 공기가 샘) 등의 변형과 함께 바람이 새는 소리를 내거나 무겁게 소리를 내는 것을 말한다 (혀와 구개 사이에 공기가 새서 [f]와 [v], [c]) 발음에 영향을 준다.
– 비성 시그마티즘은 자음이 비강의 공기를 내쉬는 것으로 대체하는 것이다.

또한 비음, 후두음, 폐쇄음, 성문음이 새는 소리를 내는 것도 관찰할 수 있다. 통제할 수 없는 음소는 다른 음소로 대체되는데, 예를 들어 <아름다운 돌담을 보세요>라는 말을 하면서 <똘땀>이라고 발음할 수 있다. 이런 음소를 빠뜨릴 수 있기 때문에 발음하지 않게 된다.

아동의 실제연령과 음소 습득 평균연령 사이에 적어도 1년 이상 지체가 관찰되어야 조음 장애가 있다고 말할 수 있다. 음소 대부분은 3세경에 습득된다. 그러므로 4세 이후가 되어야 조음 장애에 대해서 언급할 수 있다. 임상 차원에서 조음 장애는 언어 장애와 별개로 볼 수 있거나 혹은 결합해서 볼 수 있다. 주변에서 이런 상황을 잘 받아들이지 못할 경우 갈등의 원인이 될 수 있다.

말하기 장애

음성 구조화에 결함이 있는 것을 말하며 음성 장애라고도 한다. 음소는 각각 따로 발음될 수 있지만 결합될 경우 변형된다. 음소의 결합에 장애가 있다는 것을 관찰할 수 있다. 이런 특징으로 인해서 조음 장애와 구분이 가능하다. 아동은 음소를 단순화시키기 때문에 무슨 말을 하는지 거의 알아들을 수 없게 된다(예: <조끼를 주세요>라는 말을 <즈기르 즈세오>라고 하는 경우). 말하기 장애가 있다고 판단하기 위해서는 3-4세 이후 장애 증상이 지속적으로 남아있어야 한다. 말하기 장애는 흔히 언어 장애와 결합해서 나타나지만 글쓰기 장애(난독증, 난필증)를 동반하지 않는다.

이런 장애의 원인은 다요인적이라고 추정되며, 청각적 구분 능력 결핍과 운동 협응 결핍에 정서적 미숙이 결합된 것이다.

언어 장애

언어 장애가 있으면 문장 구성요소를 조직화하는 데에 문제가 발생한다. 문장 구성이 잘못되고, 단어를 빠뜨리며, 문장 연결에 오류가 발생하고, 어휘가 빈곤하다는 점을 관찰할 수 있다. 구문론적이며 언어학적인 장애는 이해력 결핍과 순간 기억능력 결함으로 이어진다. 이러한 장애는 단순 지연과 결합적 지연으로 나누어진다. 후자는 앞으로 난독증-난필증이나 말 더듬기 증상으로 나타날 수 있으며, 더 나아가 실어증도 나타날 수 있는데 실어증은 가장 심각한 언어 장애가 된다.

- 단순 지연

  언어 습득 지연이 표현에 나타난다. <두 단어 문장>이 3세 이후에야 나타나면 지연이라고 판단한다. 이러한 지연은 가벼운 증상으로 가족 환경에 결핍이 있거나 두뇌 성숙 장애로 인한 것일 수 있으며 성격 구조화 장애를 초래하지 않는다. 아동이 유치원에 입학하거나 발음 교정을 시도할 경우 증상이 호전될 수 있다.

- 연하 장애dysphagia

  성격 장애와 언어 지연이 결합된 경우이며, 언어 장애의 심각한 형태와 관련된다. 이런 언어 지연은 지적 잠재력에는 아무런 변화를 초래하지 않지만 사고 구조화에 심각한 장애와 단기 기억 능력에 어려움이 생기며(감지 범위)[7], 난독증, 그리고 난필증과 결합된다. 연하 장애

---

7) 감지 범위는 단기 기억 능력을 측정한다. 제시된 내용을 정확한 순서로 기억해서 말할 수 있는 글자나 숫자의 수를 말하며, <수치적 감지 범위>라고 부른다.

가 있는 아동은 말 소리와 타인이 내는 연속된 소리를 구분하는 데 장애를 보인다. 구문구조는 불안정하고 미성숙하며 문법은 일관성이 없다. 자신의 생각을 표현하기 위한 단어를 찾아내고, 사물을 이름으로 부르는 데 어려움이 있으며, 이해 과정이 훨씬 어렵게 진행된다. 의미를 정확하게 표현하지 못하고 근사치로 말하기 때문에 자신만의 용어를 사용하게 된다. 상징을 잘못 해석하기 때문에 읽기 습득에 장애가 발생한다. <벙어리>라는 용어는 예전에는 이런 장애를 가리키기 위해 사용되었다.

• 함묵증

함묵증은 전체적 또는 부분적으로 나타날 수 있으며, 지속적이거나 일시적일 수 있다. 대부분 아동의 삶에서 의미 있는 사건과 연결되어 있는데, 이미 말을 하는 아동에게서 말이 사라지는 것이기 때문이다.

일시적 전체 함묵증 또는 감정적 함묵증은 일반적으로 감정적 충격으로 인해서 나타난다. 증상이 지속되는 기간은 일정하지 않으며 대부분 며칠 동안 지속되지만 예외적으로 몇 달 또는 몇 년 동안 지속될 수도 있다. 수면 장애, 괄약근 장애, 저항, 억제 등의 증상을 동반할 수 있다. 전체적 함묵증은 감정적으로 중요한 사건이 갑작스럽게 일어남으로써 뜻밖의 외상을 입게 되자 그에 대한 정신적 보호기제로 나타난 것이라고 할 수 있다. 문제의 사건은 세대를 넘어 전달되는 것과 가족의 비밀과 관련된 것일 수도 있다. 자아에 부여된 정신적 연결 메커니즘에 대한 충격으로 인한 결과인 것이다. 아동이 학대를 받는 경우 주변의 행동과 언어가 갖는 폭력의 결과로 인한 것일 수도 있다. 그 밖의 경우, 히스테리성 전환 장애hysterical conversion 메커니즘이라고 생각할 수 있다.

지속적인 선택적 함묵증은 6-7세 아동에게서 관찰되는데, 가족 이외의 사람이나 특정 가족 구성원에게 말하는 것을 거부하는 것을 볼 수 있다(가족 외 또는 가족 내 함묵증). 또한 학교에 가는 것처럼 처음으로 가족적 환경으로부터 분리될 때에도 함묵증이 나타날 수 있다. 신경증적 또는 정신병적인 보다 심각한 이상을 가지고 있을 때 이런 유형의 장애가 나타난다고 간주한다.

선택적 함묵증은 매우 다양한 의미를 가지고 있다. 말은 한 사람을 집중적으로 공격하는 도구로 사용될 수 있다. 그러므로 지배-복종 관계가 촉발되는 항문기적 관계를 내포한다. 한 사람에게 투사된 분노는 함묵증으로 표현되지만 이런 전략은 아동으로 하여금 타인과 소통하는 쾌감을 빼앗는다.

말은 억제의 도구가 될 수도 있다. 어머니의 과잉보호는 충분하게 성숙한 사회적 자아의 발달을 허용하지 않는다. 이때 환경이 위협적이거나 낯선 것으로 경험될 위험이 있다. 그렇게 되면, 개인적 언어에서 다른 아동과 공유하는 사회적 언어로 진행하는 가운데, 8개월이 되었을 때 나타나는 불안, 부계의 제삼자와 오이디푸스 콤플렉스의 상징화 발달에 문제가 발생한다. 언어가 개인적인 차원에서 사회적인 차원으로 진전함에 따라서 아동은 어머니, 특히 자신과 어머니를 연결하는 특별한 관계를 포기해야 한다. 그러나 어머니가 자신의 아이를 계속해서 <애지중지>하면서 만족감을 찾는다면 그런 관계를 깨뜨리고 싶지 않을 것이다. 따라서 언어는 <자아의 기능적 제한>(S. Freud, 1926)을 초래할 수 있으며, 부모-자식 상호 관계에 영향을 미칠 수 있다.

• 말더듬

말더듬은 구술 표현에 기능적 장애가 있다는 것을 의미하며 말의 속도와 리듬에 영향을 준다. 남아에게 더욱 많이 나타나며(남아의 25%), 3세에서 7세 사이에 나타나고, 증상을 보이는 수는 전체 인구의 1%에 해당한다. 어떤 사건으로 인해서 말더듬이 초래될 수 있다. 사회경제적인 수준과 지적 수준은 말더듬이 나타나는 것에 영향을 주지 않는다.

말더듬은 발성 근육에 경련으로 일어나며, 경련성(대개 단어의·첫 음절을 빠르고 폭발적으로 반복한다)이거나 경직성(단어나 문장을 시작하는 데에 어려움을 가지고 있으며 소리를 내는 것이 차단된다)으로 나타난다. 두 가지 형태 모두 나타날 경우, 경-경련 말더듬이라고 한다.

말더듬은 신경운동과 자율신경의 변화를 동반한다. 문맥, 정서적 상태, 메시지의 내용, 상대 등에 영향을 받으며 감정적인 체험(분노)과 개인 상호간 상황에도 취약하다. 중립적인 상황이 말더듬을 사라지게 하거나 감소시킨다.

결론

Conclusion

192

아동은 변화하며, 아주 어릴 때부터 능력을 보유하고 있고, 능동적이고 사회적인 존재라는 점을 현대의 관찰 방법은 잘 보여준다. 아동은 또한 갈망하는 존재이기도 하다. 정신분석은 유년기의 이야기가 정신현상뿐 아니라 성장한 이후에 나타날 수 있는 정신 장애도 형성한다는 것을 보여줌으로써 정신의학, 심리학, 교육에 대한 사고 방식을 근본적으로 변화시켰다. 정신분석은 인간 유아의 유형성숙[1] 개념을 토대로 하며, 출생 시에는 유아의 생물심리사회적 도구가 불충분하기 때문에 환경에 적응할 필요가 있으므로 유아의 신체적 정신적 욕구 전체를 주변에서 보살펴야 한다고 주장한다. 그런데 최근 아동심리학은 유아가 환경 속에서 일련의 능력을 발달시키는 것을 보고, 유아가 이미 여러 능력을 가지고 태어난다는 것을 발견했다. 이러한 발견은 1930년대부터 시작되었으며 멜라니 클라인의 연구에 근거하고 있다. 클라인은 유아가 자신만의 고유한 정신적, 관계적 생활을 영위한다고 생각했다.

그 후로 여러 심리학자는 아동의 발달이 선천적인 것인지 아니면 후천적인 것인지와 같은 잘못된 논쟁에서 벗어나, 두 이론이 연결되고 결합하고 조합되는 방식에 대해 서로 질문하게 되었으며, 이를 통해 유전 프로그램과 환경이 제공해준 물질과 정보에 의존하는 점진적인 신체적 행동적 구조화의 결과인 아동의 발달을 설명할 수 있게 되었다.

---

1) 유형성숙neoteny은 성인에게 아이의 심리적 미성숙 상태가 지속되는 것을 말한다.

생물심리사회적 단위로 인식되는 아동은 감정을 가진 존재이며, 아동의 감정은 자신의 삶, 이력, 삶의 여러 사건에 의해서 끊임없이 조정되고 있다.

방법론마다 특성을 가지고 있으며 그런 여러 특성이 반드시 대립하는 것은 아니라고 생각하기 때문에 저자인 본인이 참고한 이론에 따라서 이 책의 내용을 정리했다. 당연히 여러 방법론의 연구 대상은 서로 다르거나 다른 수준으로 설정되어 있다. 과학적 연구방법은 정확성을 기하기 위해 현실의 일부분을 축소하거나 잘라내는 가운데 관찰된 현상에 작용하는 여러 변수를 통제하려고 한다. 그러나 임상 실천은 연구자의 욕망과 차이가 나는 개체 고유의 욕망을 고려하는 가운데 한 사람을 전체성 속에서 검토하는 것이다. 의사이자 심리학자인 사람은 일상적 직무를 수행하는 가운데 심리적이고 사회적인 고통에 사로잡힌, 장애를 가지고 있거나 장애가 없는 여러 대상을 만난다. 이때 주요 도구는 자신의 고유한 정신기제다. 또한 자신이 가지고 있는 지식을 활용해서 연구하는데, 지식을 통해 아동의 발달 양상에서 어떤 차원이나 특정 질병의 특징에서 가장 중요한 의미를 갖는 요소가 무엇인지 알 수 있기 때문이다. 그런 다음 의미 있는 요소를 변화해가는 연구 대상에 대한 전체적인, 그리고 사실에 근거한 이론 속에 다시 배치한다.

참고문헌

기본적인 문헌

AJURIAGUERRA J. (1974), *Manuel de psychiatrie de l'enfant*, Paris, Masson. Cet ouvrage est la synthèse fondamentale des connaissances actuelles sur la psychologie et la psychopathologie de l'enfant. Les fonctions, les grands syndromes et Ies thérapeutiques y sont abordés de manière concise et riche.

BEAUCHESNE H. et GIBELLO B. (1991), *Traité de psychopathologie infantile*, Paris, PUF, coll. "Le psychologue". Ce traité est à conseiller aux étudiants : il présente de façon didactique la psychopathologie générale, l'examen clinique, l'analyse sémiologique des apprentissages, l'analyse des troubles de la personnalité, l'étiopathogénie, la thérapeutique.

BIDEAUD J., HOUDÉ C. et PÉDINELLI J.-L. (1993), *L'Homme en développement*, Paris, PUF. L'ouvrage fondamental de l'étudiant en psychologie ; on y trouve une synthèse remarquable des références en psychologie du développement et en psychologie clinique.

BRUSSET B. (1992), *Le Développement libidinal*, Paris, PUF, colI. "Que sais-je ?". Petit ou vrage sur les stades libidinaux dans leur dimension à la fois objectal, narcissique ; essentiel si l'on veut saisir toute la complexité de la dynamique freudienne des stades.

CLOUTIER R. et RENAUD A. (1990), *Psychologie de l'enfant,* éd. Gaëtan Morin. Manuel très complet foumissant des notions fondamentales de la psychologie de l'enfant telles que les théories du développement, les fondements biologiques du comportement, Ie développement prénatal, la naissance et la périnatalité, l'intelligence et les différences individuelles, la personnalité, Ie langage et la culture.

GIBELLO B. (1984), *L'Enfant à l'intelligence troublée*, Paris, éd. Paidos/Le Centurion, 4e édition. Un essai sur les hypothèses dynamiques de la pensée et de ses troubles dans une perspective intégrant l'apport piagétien et les connaissances en psychopathologie psychanalytique.

GOLSE B. (1992), *Le Développement affectif et intellectuel de l'enfant*, Paris, Masson, coll. "Médecine et psychothérapie", 3e édition. Livre intéressant qui recense et développe les concepts fondamentaux de différents auteurs, très utile aux étudiants.

KREISLER L., FAIN M. ET SOULÉ M. (1974), *L'Enfant et son corps*, Paris, PUF (2e édition, 1978). Ouvrage fondamental pour une compréhension dynamique de l'économie psychosomatique du nourrisson et du jeune enfant.

LANG J. L. (1979), *Introduction à la psychopathologie infantile*, Paris, Dunod, coll. "Psychismes". C'est un manuel de psychopathologie qui permet d'approfondir l'étude sérieuse et précise du fonctionnement mental de l'enfant à travers l'étude clinique, et l'analyse structurelle. La position de différents auteurs est abordée à travers les exposés nosographiques.

LAPLANCHE J. et PONTALIS J.-B. (1967), *Vocabulaire de la psychanalyse*, Paris, PUF. Les concepts fondamentaux de la psychanalyse y sont abordés en prenant en compte leur évolution dans la pensée de Freud. Ouvrage essentiel.

LEBOVICI S. et SOULÉ M. (1970), *La Connaissance de l'enfant par la psychanalyse*, Paris, PDF, coll. "Le fil rouge". Ce livre est une référence majeure en matière de psychanalyse de l'enfant ; des concepts comme la sexualité infantile, la reconstruction du passé de l'enfant, l'observation directe, l'education et la pédiatrie psychanalytique y sont développés.

LEBOVICI S. (1983), *Le Nourrisson, la Mère et le Psychanalyste. Les Interactions précoces*, Paris, éd. Paidos/Le Centurion. Document majeur très riche sur les compétences du nouveau-né et les interactions précoces, il montre les points de jonction entre l'observation directe et l'observation reconstruite.

LEBOVICI S., DIATKINE R. et SOULÉ M. (1985), *Nouveau Traité de psychiatrie de l'enfant et de l'adolescent*, Paris, PUF, 3 105 p. Ce manuel rassemble les contributions originales de cliniciens et de chercheurs qui font autorité. On y trouve une introduction, les moyens de diagnostic, les conséquences psychiatriques des dysfonctionnements cérébraux et somatiques, la pathologie suivant l'âge, et les aspects psychosociologiques de la pathologie.

LEBOVICI S. et WEIL-HALPERN F. (1989), *Psychopathologic du bébé*, Paris, PUF. Il s'agit d'un ensemble de textes écrits par différents auteurs spécialistes de la psychopathologie du bébé (la dépression maternelle, les troubles de l'attachement, les maladies somatiques, les handicaps, les aides thérapeutiques).

추가적인 문헌

ABRAHAM K. (1924), *Œuvres complètes*, tome II (trad. fr.), Paris, Payot.

ANZIEU D. (1959), *L'Auto-analyse*, Paris, PUF.

ANZIEU D. (1985), *Le Moi-peau*, Paris, Dunod, coll. "Psychismes".

AULAGNIER P. (1985), *La Violence de l'interprétation*, Paris, PUF.

BEAUCHESNE H. (1978), *Psychopathologie de l'enfant*, Paris, PUF, coll. "Le psychologue".

BERGERET J. (1974), *La Personnalité normale et pathologique*, Paris, Dunod, coll. "Psychismes".

BINET A. (1903), *L'Étude expérimentale de l'intelligence*, Paris, éd. Schleicher et Frères.

BOURGUIGNON O. et BYDLOWSKi M. (1995), *La Recherche clinique en psychopathologie : perspectives critiques*, Paris, PUF, coll. "Le fil rouge".

BOWLBY J. (1954), *Soins maternels et santé mentale*, Paris, Masson, 2e éd.

BOWLBY J. (1962), "L'anxiété de la séparation", *La Psychiatrie de l'enfant*, vol. 6, n° 1, pp. 317-335.

BOWLBY J. (1969), *Attachement et perte*, vol. 1 : *L'Attachement*, Paris, PUF, coll. " Le fil rouge" (trad. fr. 1978).

BOWLBY J. (1973), *Attachement et perte*, vol. 2 : *La séparation, angoisse et colère*, Paris, PUF, coll. "Le fil rouge" (trad. fr. 1978).

BOWLBY J. (1980), *Attachement et perte*, vol. 3 : *Perte, tristesse et dépression*, Paris, PUF, coll. "Le fil rouge" (trad. fr. 1984).

BOWLBY J. (1992), "John Bowlby. L'attachement", numéro spécial, *Devenir*, (4) 4.

BRAZELTON T. B. (1979), "Behavorial Competence in the Newbom Infant", *Seminars in perinatology*, vol. 3, n° 1.

BRAZELTON T. B. (1981), "Comportement et compétence du nouveau-né", *Psychiatrie de l'enfant*, 24, 2, pp. 375-396.

BRAZELTON T. B. (1989), "Les Compétences comportementales du nouveauné", in Lebovici S. et Weil-Halpern F., *Psychopathologie du bébé*, PUF, pp. 171-180.

BRUNET O. et LÉZINE I. (1951), *Le Développement psychologique de la première enfance*, Paris, PUF.

BURLINGHAM D. et FREUD A. (1949), *Enfants sans famille*, Paris, PUF (trad. fr. A. Berman).

CHILAND C. (1971), *L'Enfant de 6 ans et son avenir*, Paris, PUF.

CHILAND C. et YOUNG J. G. (1990), *Nouvelles approches de la santé mentale, de la naissance à l'adolescence pour l'enfant et sa famille*, Paris, PUF, coll. "Le fil rouge".

DELAY J. et PICHOT P. (1965), *Psychologie*, Paris, Masson.

EMDE R. N. (1992), "Génétique des émotions (développement terminé et interminable)", in *Émotions et affects chez le bébé et ses partenaires*, éd. Eshel,

pp. 59-132.
FREUD A. (1952), *Le Moi et les Mécanismes de défense*, Paris, PUF, 8e édition (trad. fr. A. Berman, 1975).
FREUD A. (1968), *Le Normal et le Pathologique chez l'enfant*, Paris, Gallimard.
FREUD S. (1900) , *L'Interprétation des rêves*, Paris, PUF (trad. fr. 1967).
FREUD S. (1905), *Trois essais sur la théorie de la sexualité*, Paris, Gallimard, coll. "Idées" (trad. fr. Reverchon, 1962).
FREUD S. (1908), "Les Théories sexuelles infantiles", in *La Vie sexuelle*, Paris, PUF (trad. fr. 1969).
FREUD S. (1911), "Formulations sur les deux principes du cours des événements psychiques", in *Résultats, idées, problèmes*, Paris, PUF (trad. fr. 1984).
FREUD S. (1914), "Pour introduire le narcissisme", in *La Vie sexuelle*, Paris, PUF (trad. fr. 1969).
FREUD S. (1920), "Au-delà du principe de plaisir", in *Essais de psychanalyse* Paris, Payot (trad. fr. S. Jankélévitch,]951).
FREUD S. (1921), "Psychologie collective et analyse du Moi" in *Essais de psychanalyse*, Paris, Payot, 1951 (trad. fr. S. Jankélévitch).
FREUD S. (1926), *Inhibition, symptômes et angoisse*, Paris, PUF.
FREUD S. (1936), *Nouvelles Conférences sur la psychanalyse*, Paris, Gallimard (trad. fr. A. Berman).
FREUD S. (1937), "Constructions dans l'analyse", in *Résultats, idées, problèmes*, Paris, PUF (trad. fr. 1985).
GIBELLO B. (1995), *La Pensée décontenancée*, Paris, éd. Païdos, coll. "Cogito".
HARLOW H. et G (1960), "Primary affectional patterns in primates", *Journal of Ps. Orthopsychology*, vol. 30.
KERNBERG O. (1979), *Les Troubles limites de la personnalité*, Toulouse, Privat.
KOHUT (1974), *Le Soi*, Paris, PUF.
KLEIN M. (1928), *Essais de psychanalyse*, Paris, Payot (trad. fr. 1968).
KLEIN M. (1952), *Développements de la psychanalyse*, Paris, PUF (trad. fr. W. Baranger, 1966).
KLEIN M. (1969), *La Psychanalyse des enfants*, Paris, PUF.
KREISLER L. (1981), *L'Enfant du désordre psychosomatique*, Toulouse, Privat, coll. "Éducateurs".
KREISLER L. et CRAMER B. (1981), "Les bases cliniques de la psychiatrie du nourrisson", *Psychiatrie de l'Enfant*, 24, l , pp. 223-263.
LANOUZIERE J. (1991), "Le Surinvestissement visuel des enfants de mères

déprimées", *Devenir*, 3, 2, pp. 33-50.

LAPLANCHE J. (1987), *Nouveaux Fondements pour la psychannlyse*, Paris, PUF, coll. "Quadrige".

LEBOVICI S. (1960), "La Relation objectale chez l'enfant", *La Psychiatrie de l'enfant*, 3, pp. 147-226.

LEBOVICI S. (1980), "L'Expérience du psychanalyste chez l'enfant et chez l'adulte devant le modèle de la névrose infantile et de la névrose de transfert", *Revue française de psychanalse*, 44 5-6, pp. 733-857.

LEBOVlCI S. (1990), "Le Psychanalyste et le développement des représentations mentales", *Psychiatrie de l'enfant*, XXXIII, 2, pp. 325-364.

LEBOVICI S. (1991), "La Théorie de l'attachement et la psychanalyse contemporaine", *Psychiatrie de l'enfant*, XXXIV 2, pp. 309-339.

LEBOVICI S. et CASTAREDE M.-F. (1992), *L'Enfance retrouvée, une vie en psychanalyse*, Paris, Flammarion.

LEBOVICI S. (1993), "On Intergenerational Transmission", *Infant Mental Health Journal*, vol. 14, n° 34, pp. 260-272.

LEBOVICI S. (1994) "Les Interactions fantasmatiques", *Revue de médecine psychosomatique*, 37/38, pp. 39-50.

LEBOVICI S. (1996), "La Transmission intergénérationnelle (TIG) ou : quelques considérations sur l'utilité de l'étude de l'arbre de vie dans les consultations thérapeutiques parents/bébé", in *Les Relations précoces parents-enfants et leurs troubles*, éd. Médecine et Hygiène, pp. 83-94.

LÉCUYER R. (1989), *Bébés astronomes, bébés psychologues. L'Intelligence de la première année*, Liège-Bruxelles, éd. Mardaga.

LÉCUYER R. (1996), "Programmés pour apprendre", *Sciences humaines*, octobre, n° 65, pp. 18-19.

LEFEBVRE M. (1985), "L'Enfant-ancêtre", *Nouvelle revue d'ethnopsychiatrie*, 4, p. 69-85.

LOSSON M. (1988), "Petite enfance de 0 à 5 ans", in Lalonde P., Grunbcrg T. et al. (Ed.), *Psychiatrie clinique : approche bio-psycho-sociale*, Montréal, éd. Gaëtan Morin.

MAHLER M. (1967), *Symbiose humaine et individuation*, tome 1 : Psychose infantile, Paris, Payot (trad. fr. J. Léonard, 1973).

MARCELLI D. (1982), *Enfance et psychopathologie*, Masson, coll. "Abrégés", 5e édition.

MAZET P. ET HOUZEL D. (1978), *Psychiatrie de l'enfant et de l'adolescent*, vol. 2,

Paris, Maloine.
MAZET P. et STOLERU S. (1988). *Psychopathologie du nourrisson et du jeune enfant*, Paris, Masson, coll. “Abrégés”, 2e édition, 308 p.
NAGERA H. (1969), *Les Troubles de la petite enfance*, Paris. PUF.
PELSSER R. (1989), *Manuel de psychopathologie de l'enfant et de l'adolescent.* Montréal, éd. Gaëtan Morin.
PIAGET (1923), *Le Langage et la pensée chez l'enfant*, Neuchâtel. éd. Delachaux et Niestlé.
PIAGET J. (1976), *La Naissance de l'intelligence chez l'enfant.* Neuchâtel. éd. Delachaux et Niestlé.
PIERREHUBERT B. (1992). “La Situation étrange”, *Devenir*, 4,4, pp. 69-93
RESNIK S. (1973) *Personne et psychose. études sur le langage du corps*, Paris, Payot.
ROBERTSON J. (1952). *Un enfant de deux ans vu à l'hôpital. film scientifique*, Londres, Tavistock Clinic.
SPITZ L. (1958), *La Premiére Année de la vie de l'enfant*, Paris, PUF (trad. fr. 1964).
STERN D. (1985). *Le Monde interpersonnel du nourrison*, Paris, PUF (trad. fr. 1989).
STERN D. (1977). *Mère-enfant : les premières relations.*, Bruxelles. éd. Pierre Mardaga (trad. fr. 1981).
WALLON (1942) , *De l'acte à la pensée.* Paris, Flammarion.
WALLON (1968). *L'Évolution psychologique de l'enfant.* Paris. A. Colin.
WINNICOTT D.W. (1969). *De la pédiatrie à la psychanalyse*, Paris. Payot.
ZAZZO R. (1960), *Les Jumeaux, le Couple et la Personne*, 2 vol, Paris. PUF.
ZAZZO R. (1981), “Unité et interdisciplinarité de la pstchologie”, *Revue de psychologie appliquée.* 2, pp. 131-181 .
ZAZZO R. (1983a) “Pré-textes”, in *Où en est la psvchologie de l'enfant?*, pp. 5-28, Paris, Denoël.
ZAZZO R. (1983b), “Entretien avec Anita Kechickian”, *Le Monde de l'Éducatian*, mai 1983, reproduit dans *Où en est la psychologie de l'enfant ?*, Paris. Denoël. pp. 269-277.